AUFBRUCH
STATT ABBRUCH
St. Johann Baptist in Köln

Herausgegeben von
Dominik Meiering und Joachim Oepen

Feierliche Trauung vor dem prachtvollen Hochaltar von St. Johann Baptist, um 1930

Inhalt

Grusswort

»Aufbruch statt Abbruch« – so haben die beiden Autoren Dr. Joachim Oepen und Dr. Dominik Meiering ihr vorliegendes Buch über die Kirche St. Johann Baptist betitelt. Als Pastor der Pfarrgemeinde St. Severin, zu der diese Kirche seit dem 1.1.2001 gehört, bin ich sowohl ihnen als auch den anderen im Vorwort Erwähnten dankbar, dass dieses Buch trotz großer anderweitiger Arbeitsbelastungen der Beteiligten zustande gekommen ist. Sie zeigen die wechselhafte Geschichte dieser alten Kölner Pfarrkirche auf, beleuchten den in Jahrhunderten gewachsenen Reichtum der Ausstattung sowie der liturgischen Geräte und vergessen weder, was das eigentliche Fundament jeder Kirche noch der eigentliche Zweck der sich in ihr versammelnden Gemeinde ist: »Kommt zu ihm (Jesus Christus), dem lebendigen Stein, der von den Menschen verworfen, aber von Gott auserwählt und geehrt worden ist. Lasst euch als lebendige Steine zu einem geistigen Haus aufbauen.« (1 Petr 4.5a)

Es ist mir schwer gefallen, im Jahr 2000 meine Unterschrift unter den notwendig gewordenen und vom Erzbischof eingeforderten Auflösungsantrag für die über 1000 Jahre alte Pfarrgemeinde St. Johann Baptist zu setzten. Denn damit ging ein Teil Kölner (Kirchen-)Geschichte unwiderruflich zu Ende. Es folgten weitere für die Gemeinde schmerzhafte Einschnitte: Die Aufgabe des Pfarrbüros, der Bücherei, des Pfarrsaals und – dies war sicher der menschlich größte Verlust – unserer Kindertagesstätte »An Zint Jan«.

Dann geschah im September 2004 das Bauunglück, das den gefährlichen Schiefstand des Turmes zur Folge hatte. Es folgten fast fünf Jahre mit der – auch nach Wiederaufrichtung des Turms – immer resignierter gestellten Frage von Gemeindemitglieder und Anwohnern: »Wann mäht dä schiefe Turm endlich widder op?« Wann läuten die Glocken wieder? Wann schlägt die Uhr? Wann können wir wieder eine Kerze aufstellen?

Am 28. Juni 2009 ist es nun so weit: Die inzwischen verkleinerte Kirche wird wiedereröffnet und wie die umliegenden Räumlichkeiten der Stadtjugendseelsorge für ihre Belange übergeben. Ich wünsche »unserer« Kirche, die wir als Gemeinde zur Verfügung stellen, nun viele »lebendige Steine«, lebendige Jugendliche, lebendige Gottesdienste und Begegnungen.

Ich wünsche ihr einen kraftvollen Aufbruch sowie vielen, vor allem jungen Menschen die biblische Erfahrung von Psalm 18,37: »Du schaffst meinen Schritten weiten Raum.«

Köln am Pfingsttag 2009

Pfarrer Johannes Quirl, St. Severin

Sommer 1944: Spielende Kinder in der Ruinenlandschaft um St. Johann Baptist (im Hintergrund die Elendskirche)

Einleitung

»Aufbruch statt Abbruch« – diese Alternative stellte sich nach dem Schiefstand des Kirchturms von St. Johann Baptist am 29. September 2004 und den dadurch verursachten Schäden am übrigen Kirchengebäude. Während für den Kirchturm bald schon die Rede war vom »Schiefen Turm von Köln«, der Bewohner des Viertels ebenso wie Touristengruppen anzog, und sein Bild binnen kurzem T-Shirts, Kaffeetassen und andere Objekte zierte, diskutierten Öffentlichkeit und Verantwortliche darüber, was mit dem Turm sowie dem beschädigtem Kirchengebäude geschehen solle. Dabei waren der Abbruch von Turm und Kirche – wenigstens des in der Nachkriegszeit entstandenen Teils – durchaus ernsthaft angedachte Möglichkeiten.

Tatsächlich kam es aber nicht zu einem Abbruch: Fast gleichzeitig mit den Schäden an St. Johann Baptist entstand die Idee, in der Kölner Innenstadt ein Zentrum zu schaffen, welches die verschiedenen jugendpastoralen Angebote in der Stadt und darüber hinaus miteinander koordinieren sollte – es war an einen zentralen Ort für die Katholische Jugend Kölns gedacht. Aufgrund ihrer zentralen und verkehrsgünstigen Lage boten sich die Kirche St. Johann Baptist sowie das ehemalige Pfarrzentrum dafür geradezu an. Die nach dem Turmschiefstand ohnehin notwendigen baulichen Maßnahmen am Kirchengebäude eröffneten zudem die Möglichkeit für eine Neugestaltung dieses Sakralraumes. Und so wurde tatsächlich ein Aufbruch eingeleitet, der wegen der bisherigen Baustellensituation womöglich noch nicht sichtbar, aber doch deutlich spürbar ist: Die zuständigen Gremien von Stadt und Erzbistum, aber auch die Kirchengemeinde St. Severin, katholische Jugendverbände sowie Jugendliche aus unterschiedlichen Kreisen fingen an, den Umbau der altehrwürdigen Pfarrkirche St. Johann Baptist zum Jugendpastoralen Zentrum CRUX zu planen.

»Aufbruch statt Abbruch« – diese Formel hat neben dem aktuellen indessen auch historische Bezüge für St. Johann Baptist. So hätte 1945, nach den verheerenden Zerstörungen des Zweiten Weltkriegs, ein Verzicht auf den Wiederaufbau der restlichen Ruinen von St. Johann Baptist durchaus nahegelegen, was die Verantwortlichen in den ersten Wochen nach Kriegsende durchaus erwogen. Stattdessen kam es auch in dieser Situation zu einem neuen Aufbruch: Bereits drei Jahre nach Kriegsende und dem Ende des »Tausendjährigen Reiches« beging die Pfarrgemeinde selbstbewusst und umgeben von Trümmern ihr tausendjähriges Jubiläum und weihte eine aus den Ruinen entstandene Notkirche ein. Es entwickelte sich wieder ein – wenn auch im Vergleich zur Vorkriegszeit bescheidenes – Pfarrleben. In den 1960er-Jahren entstand schließlich unter den planerischen Händen von Karl Band der »kölsche Vatikan«, die Pfarrinsel, wo sich eine Reihe kirchlicher Institutionen ansiedelte, die in ihren Tätigkeiten nahe bei den Menschen des Viertels und der Stadt waren. Geht man weiter in die Pfarrgeschichte zurück, so hat es immer wieder Aufbrüche gegeben: Trotz der nicht einfachen sozialen Verhältnisse wurden in den 1920er-Jahren kirchliche Vereine gegründet und sogar ein eigenes Jugendheim eingerichtet. In der Mitte des 19. Jahrhunderts waren es die Franziskanerinnen, die das Kloster St. Johann zu einem Zentrum der ambulanten Krankenpflege in Köln machten. Die komplizierte Baugeschichte der Kirche verdeutlicht, dass über Generationen hinweg die Pfarrangehörigen ihre Kirche immer wieder erweiterten und zu verschönern suchten. Das Engagement der Bürger für die Pfarrei und die allmähliche Emanzipation von der Mutterkirche St. Severin – alles das sind höchst lebendige Entwicklungen, die an diesem Ort immer wieder erfahrbar waren.

Doch was ist das eigentlich für eine Kirche, die in der Wahrnehmung der Stadt immer ein wenig im Schatten des Domes und der romanischen Kirchen stand, 2004 mit ihrem »Schiefen Turm« aber plötzlich im Blick der Öffentlichkeit stand? Was ist das für ein Ort, den künftig das CRUX nutzt, der schon im Mittelalter ein kirchliches Zentrum bildete und in der Nachkriegszeit als »kölscher Vatikan« bezeichnet wurde? Was ist das für eine Pfarrei, die schon im Mittelalter das »hillige Coellen« mit prägte, die Säkularisation ebenso wie den Zweiten Weltkrieg überstand, dann aber in unseren Tagen nach mehr als 1050 Jahren ihrer Existenz ein Ende fand? Und schließlich: In welcher Tradition haben hier Menschen über eine lange Kette von Generationen gelebt und geglaubt und tun dies noch heute? Auf alle diesen Fragen will diese Schrift Antworten geben. Sie richtet sich daher gleichermaßen an die Menschen, die sich mit der früheren Pfarrgemeinde St. Johann Baptist verbunden fühlen, und an solche, die an Geschichte, Kultur und kirchlichem Leben dieser Stadt interessiert sind, dann aber auch an die neuen Nutzer von St. Johann Baptist.

Dass der plötzliche Schiefstand des Kirchturmes im Jahre 2004 in dieser Publikation immer wieder aufgegriffen wird, ist unvermeidlich. Dennoch glaubten Autoren und Herausgeber, keine Geschichte des »Schiefen Turms von Köln« und seiner Wiederaufrichtung vorlegen zu sollen. Gleichwohl drängt sich angesichts der örtlichen Nähe und der erschreckenden Parallelen die noch allzu frische Erinnerung an ein anderes Ereignis in den Vorderund: der Einsturz des Historischen Archivs der Stadt Köln am 3. März 2009. Lediglich 300 Meter von St. Johann Baptist entfernt kam es auch hier infolge des Kölner U-Bahn-Baus zu einem unerwarteten Geschehen, das in seiner Dimension den Schiefstand des Turmes indessen völlig in den Schatten stellte. Hier ereignete sich das eigentlich Unvorstellbare, indem das gewaltige Magazingebäude des Archivs sowie zwei benachbarte Wohnhäuser binnen weniger Minuten einstürzten: Zwei Menschen starben bei dem Umglück. Die städtische Überlieferung seit dem Mittelalter wurde unter einem Trümmerberg begraben, was zu monatelangen, quälenden Bergungsarbeiten führte sowie die Menschen in der Stadt Köln und weit darüber hinaus zum Teil nachhaltig verstörte. Auch an dieses schreckliche Geschehen gilt es im Zusammenhang mit dieser Publikation zu erinnern, zumal die Unterlagen des Stadtarchivs als »Gedächtnis der Stadt« auch die Geschichte von St. Johann Baptist – der Kirche, des Viertels, der Menschen – dokumentieren. So wurde beispielsweise der Nachlass des Architekten Karl Band gerade intensiv bearbeitet, um ihn der künftigen Forschung zugänglich zu machen, als das Archiv einstürzte.

»Aufbruch statt Abbruch« – so wie dieses Wort sich durchaus eignet, die Bau- und Pfarrgeschichte von St. Johann Baptist zu umreißen, so lädt nicht zuletzt auch das Geschehen am Kirchturm von St. Johann Baptist geradezu dazu ein, weitere Parallelen zu entdecken: Die Schieflage des Turms war über Monate hinweg unübersehbar; ebenso kann die Schieflage, in der sich in mancherlei Hinsicht die Kirche insgesamt befindet, nicht verleugnet werden. Diese Situation kann man näher analysieren oder auch beklagen – beides wäre hier unangebracht, wenn auch der Hinweis nicht fehlen darf, dass die Kirche in ihrer geschichtlichen Gestalt immer eine »ecclesia semper reformanda« war und bleiben wird. Der Blick in die Pfarrgeschichte von St. Johann Baptist lässt mancherlei weitere Schieflagen erkennen, aber eben auch immer wieder neue Aufbrüche. Und so wünschen sich die Herausgeber dieser Schrift, dass die Kirche als Gemeinschaft des Volkes Gottes in der Spannung von Schieflagen und lebendigen Aufbrüchen ihren Weg durch Zeit und Geschichte findet.

Köln, im Mai 2009

Dominik Meiering, Joachim Oepen

... sce & individue trinitatis ... Anno secundo ... archiep...

cimur. & ad tepus sumus. eccłis nobis comissis. p possibilitate nra in tepore nro. & deinceps utilit & benigne puideam

...di intercessione saluarem. pposuimus nob scos martires xpi ad auxiliu rogationis pacis pcatores aduocare. Aecclam

cupletare cstituimus. qntum posset illic do famulantiu necessitate sustentare. ad tepus. & facultates nras sup modu

orethe cu omib appendiciis pter decima. agris cultis. & incultis. uineis. ruris. & eruris. & eruendis. uiis. exitib. & redi

antecessores nri usi sunt. utiq potuim. Holzheim cu omib appendiciis & reditib. Pollheim. cu omib reditib. absq decima.

ende. trium eo in tendim. ut qcuq fuerit ppositus pfate huius sit pastor eccle. Aeccłam qq in holzhei similit. In luxich. ii. ma

bente. vii. mansos. cu uineis. & areis soluentib. viiii. sol. vi. d. 7 obul. Decaniam qq q nri iuris erat sup omi parrochiana

dicia. 7 predimendis seruitiis censu iiii. anno. q ad archidiaconat officiu spectant. 7 eode prs m q alia in uelpekowe eccle

marie in notthusen in suburbio ciuitatis colonie iuxta ripam reni sitam. cu banno. & omi iusticia sinodali.

nnino utilitatibus quibus nos usi sumus. ut prefate eccle sci georgii martiris. eode iure hec subiecta sit.

lesie sci seuerini cfessoris sui iuris esse bannu usq ad porta que appellatur alta que qde acanonicis & ppos

guli annis. v. sol. & vi. den. donantes eis p banno & areis. v. libras singulis annis de decimatione que est in

ctam. qd nob sponte eam reddidit. Hunc itaq bannu cu sua determinatione usq ad porta supdicta. & ex altera

nam eccle sci georgii martiris. et ibide do famulantibus. Uineas qq eide eccle ctulim in aluetra que nri iuris

udini. de opere septimanario. ut debitu seruitiu copleat more solito. Molendinu unu in iuliacho. Et uineas i

westfalia. x. libras de decimatione uestitui fratru destinatas que & in beneficio palatini comitis fuerant. In huis

ecc g oma & quecuq iuste acquiri & addi possunt. primo sub tutela scę romanę eccle p manu uenerabilis pa

usdem rei ctinentur apud nos. diligenter comisimus. ac deinde non solu coloniensis eccle. ueru etia con puinci

pressione. & banni auctoritate corroborari decreuim. ut nemo tam firme tradicionis uiolator esse presum

hennę incendium nullaten ptimescat.

ANNO DOMINICĘ INCARNATIONIS MILLESIMO. LX. VII. Actum publice in eccła sci petri colon

B. INSTU FINIUS IAMICUS. SYMUS EST UT SUI FUTURIS DECETSANDO

nos mente ptractantes. & qua piculosu sit cu eo q corda simul & opa pensat ex eq dimicare considerantes. ut

eati Georgii martiris. qua nos ante porta que alta dr fundauim. & exedificauim facultatib ecclasticis. in tantu q

rem minuere. Concessim g eccle pfate. cunctisq ibide do militantib. hec pdia de facultatib nris. & beati petri.

q. agrisq. decursib. molis. molendinis. molendisis. siluis. uenationib. piscationib. & omib omino utilitatib. qb nos

hena cu omib redditib suis. & iusticiis pter decima. Ecclam in ruethenesberch cu omi decimatione ad supplementu

luentes. x. sol. & .ii. mod tritici. In honbure dimidia parte eccle. Ecclam i berche cu omi decima. In lengestorph curia unaq

in pago bunnensi zarensi sitas ta matres q filias. cu omi subiectione & iusticia xpianitatis. pt altariu dona. supreoma

rie i q b benigne cessim. Omem qq decima de siluis. rubis. erutis & eruendis. p tota eande decania. Ecclesiam quoq

lari. una cum subiecta sibi uilla. & omnibus suis iusticiis. areis. soluendis uigiliis. & operibus. & omibus

ncti Iohannis baptiste eccla. eccle sancti SEVERINI confessoris sub est. Continebant sigde puilegia

ide monasterii pcambiam accepim. & duodeci areas. infra abitu exteriore claustri. iii. noue ert soluente s

rdes bagen. & ludoluesscerth. atq, solonchon. sua qde tenuit palatin comes in beneficiu. Hoc apud illuos

usq ad ripa reni a termino arearu que ex meridiana parte monasterii infra et extra claustru exterius. eidem

& parte silue cu mansis. ii. soluentib. xi. sol. & area ibide sita. & stercoratione de. x. mansis. p q uillico. v. sol

rosella in v. locis. Rasthecha. Uxrecha. Liemena. Zigenel. Clottene. Ult renu u Bieleheim. Berentraph.

t ad duas libras. In gelre Ecclam cu omi decimatione. Circa menethene decimas soluentes. iii. libras. excepta. xxx. den

ikolai cuius etiam scripta ad corroborationem

eclaru consensu. & astipulatione sigilli nri tri

isi qui anathematis sententia. & eterni

in

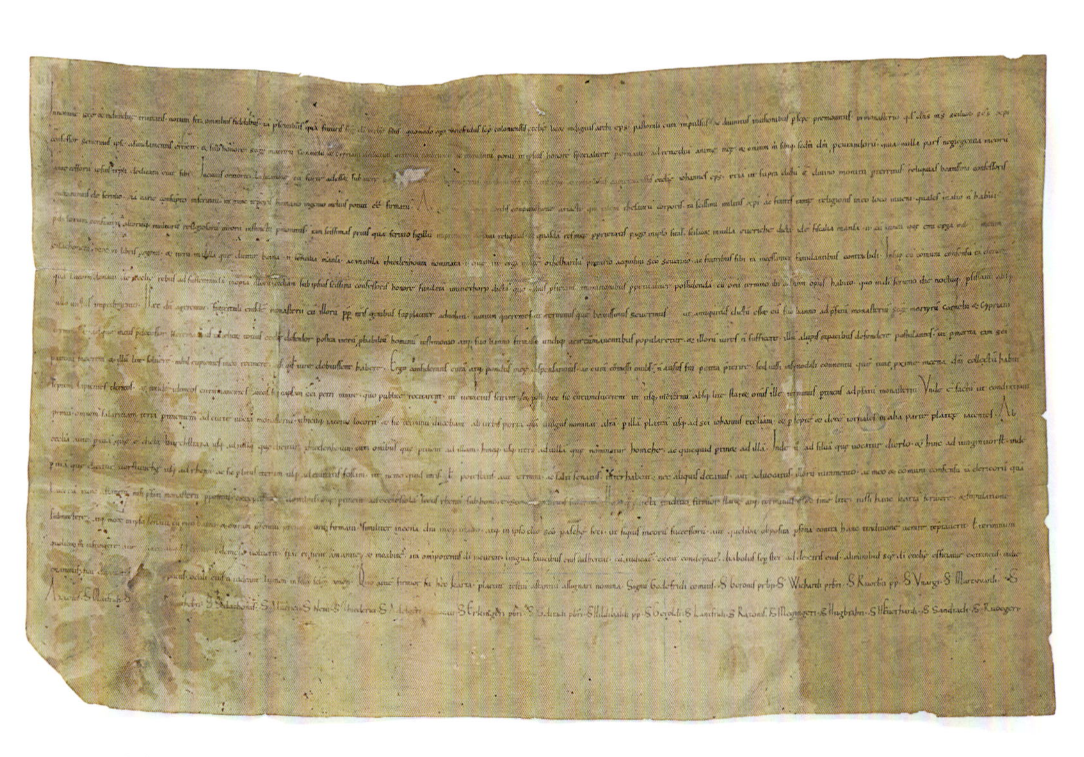

Urkunde des Kölner Erzbischofs Wichfried von 948 mit der Ersterwähnung von St. Johann Baptist

Aus 1052 Jahren Pfarrgeschichte von St. Johann Baptist

von Joachim Oepen

29. September 2004, 2:43 Uhr: Der Turm von St. Johann Baptist hatte sich in den vergangenen Nachstunden allmählich und zunächst unbemerkt nach Westen geneigt. Auch das Uhrwerk war aus dem Gleichgewicht geraten und so blieb die Turmuhr genau zu dieser Minute stehen. Als »Schiefer Turm von Köln« machte die Schräglage des Turmbaus schnell Schlagzeilen: Unzählige Fotos wurden geschossen, nicht nur die Lokalpresse berichtete ausführlich, und sogar japanische und amerikanische Touristengruppen wurden zum Turm geführt. Die Pfarrgemeinde, um deren Kirchturm es sich ursprünglich handelte, war zu diesen Zeitpunkt bereits seit mehr als drei Jahren untergegangen. Anders als am Ereignis des sich zur Seite neigenden Turms nahm die Öffentlichkeit daran kaum Anteil. Tatsächlich handelte es sich bei dieser Aufhebung der altehrwürdigen Pfarrgemeinde St. Johann Baptist zum 31. Dezember 2000 lediglich um einen Rechts- und Verwaltungsakt. Dennoch muss man sich vor Augen führen, dass damit mehr als ein Jahrtausend gewachsenes städtisches und kirchliches Gefüge sowie Strukturen der Seelsorge untergingen, was nicht nur für manchen der unmittelbar betroffenen Pfarrangehörigen einen bisweilen schmerzlichen Abschied bedeutete.

Grund genug also, im Folgenden die genau 1052 Jahre Pfarrgeschichte von St. Johann Baptist nachzuzeichnen. Ausgangspunkt hierfür ist aber nicht die Trauer um das Verlorene, sondern vielmehr und zuerst ein Erinnern: Weder der einzelne Mensch noch die Gesellschaft oder die Kirche als Gemeinschaft der Gläubigen existieren als geschichtslose Wesen. Und so beschreibt das Wort »Wer keine Erinnerung hat, hat keine Zukunft, und wer die Vergangenheit nicht kennt, kann auch die Zukunft nicht gestalten« einen wichtigen Aspekt solcher Erinnerungsarbeit. Bei aller notwendigen Einsicht in die Realitäten auch des kirchlichen Lebens und die daraus resultierenden unausweichlichen Veränderungen geht es immer auch um ein Lernen und Begreifen aus der Geschichte heraus – nicht im unmittelbaren, aber doch mittelbaren Sinne, um so den oft unausweichlichen Wandel nicht einfach zu erleiden, sondern wo möglich zu gestalten.

Genau 1052 Jahre Pfarrgeschichte

Die 1052 Jahre Pfarrgeschichte erstrecken sich zwischen der ersten Erwähnung der Kirche im Jahre 948 und der Aufhebung der Pfarrei mit Ablauf des Jahres 2000. An deren Anfang und an deren Ende stand St. Severin, die benachbarte Stifts- beziehungsweise Pfarrkirche: St. Johann Baptist war in den ersten Jahrhunderten rechtlich von dem an Besitz und Einfluss reichen Stift St. Severin abhängig und blieb es in mancherlei Hinsicht noch lange. Als St. Johann dann zu Beginn des 3. Jahrtausends als eigenständige Pfarrgemeinde aufhörte zu existieren, kam es wieder zur Fusion mit St. Severin. Diesmal spielten die alten Rechtsverhältnisse so gut wie keine Rolle. Entscheidend waren vielmehr die erst in den Jahrzehnten zuvor gewachsenen Strukturen des Severinsviertels, ergab doch das vom Rhein und großen Verkehrsadern (Ringstraße, Ulrichgasse als Ausläufer der Nord-Süd-Fahrt, Trasse der Severinsbrücke) umgrenzte Gebiet des Severinsviertels ein sinnvolles Territorium für die neue Pfarrgemeinde, die sich nun »St. Severin und Johann Baptist« nannte. Nur wenige Jahre später war die so gewonnene neue Pfarrstruktur wiederum Geschichte, denn bereits 2007 kam es zur Fusion mit den ehemaligen Pfarreien St. Maternus, Maria Hilf und St. Paul in der Südstadt jenseits der Ringstraße, die ihrerseits 2004 zu einer Kirchengemeinde verschmolzen waren. Diese rasch aufeinanderfolgenden Fusionen, die in vergleichbarer Weise auch andernorts durchgeführt wurden, sind bezeichnend für den schnellen Wandel der Seelsorgestrukturen in unserer Gegenwart. Verglichen mit der demgegenüber geradezu gemächlich erscheinenden historischen Entwicklung einer Pfarrgemeinde wie St. Johann Baptist wirken die modernen Veränderungen hastig, ja hektisch – und mögen signifikant sein für moderne, von Globalisierung und schnellem Wandel geprägte Gesellschaften insgesamt, die zu solchen Wandlungsprozessen von Strukturen führen, welche auch und gerade in kulturellen Bereichen in historischer Langzeitperspektive gewachsen sind.

Eine gefälschte Urkunde als Ausgangspunkt

Es ist eine Urkunde des Kölner Erzbischof Wichfried (924–953), in welcher die Kirche St. Johann Baptist Anfang April 948 erstmals erwähnt wird. Diese Urkunde ist eine zentrale Quelle für die Geschichte von St. Severin, werden darin unter anderem doch die Weihe eines Teils der Kirche durch den Erzbischof, reiche Schenkungen an das Stift und die Umbettung der Gebeine des hl. Severin erwähnt. Allerdings wirft dieses Pergamentblatt ein auf den ersten Blick gravierendes Problem auf: Es handelt sich um eine der zahlreichen gefälschten Urkunden des Mittelalters – allerdings nicht um ein völlig frei erfundenes Dokument, sondern um eine sogenannte »verfälschte« Urkunde. Das bedeutet: Erst im 11. Jahrhundert niedergeschrieben, enthält der Text neben vielen Passagen aus der verlorenen, aber seinerzeit wohl noch vorhandenen echten Urkunde des Jahres 948 auch Zusätze und Interpolationen eben des 11. Jahrhunderts. Dank gründlicher

Spezialforschung lassen sich die »echten Kerne« des Dokumentes recht gut von den verfälschenden Zusätzen und Änderungen unterscheiden. Insofern sind auch der verfälschten Urkunde richtige und wichtige Informationen zu entnehmen wie etwa die Umschreibung des *terminus* von St. Severin, worunter letztlich der Pfarrbezirk zu verstehen ist. Von einer solchen Umschreibung erhoffte man sich 948, dass die Pfarrgrenzen von St. Severin auf ewige Zeiten ohne jegliche Streitigkeiten (*in eternum absque lite*) feststehen würden, was sich aber schon im Mittelalter als vergebliche Hoffnung erwiesen hat.

Die Pfarrumschreibung von St. Severin ist eine ungewöhnlich frühe, aus der sich für die Kölner Pfarrstrukturen des frühen Mittelalters wichtige Hinweise gewinnen lassen. Der Pfarrbezirk begann bei der Hohen Pforte, von wo aus die Grenze über die Severinstraße, den Perlengraben und hinter der Schnurgasse verlief. Dann griff der Severiner Sprengel weit aus nach Süden bis Höningen und zwei dortigen Wäldern, um dann durch einen zum Rhein verlaufenden Forstweg begrenzt zu werden. Die weitere Grenze bildete dann der Rhein und schließlich der Stadtgraben, also der Straßenzug Filzengraben/Mühlenbach. Sicherlich gehen diese Pfarrgrenzen des Jahres 948 auf noch frühere Zeiten zurück, denn offenbar war St. Severin für die Seelsorge der Gebiete zuständig, die sich außerhalb der antiken Stadtmauer links und rechts der römischen Straße nach Bonn erstreckten, wobei sich der Pfarrsprengel ursprünglich womöglich noch bis ins Vorgebirge ausdehnte. Von diesem großen Bezirk ist hier insbesondere das Gebiet unmittelbar vor der alten Römermauer von Interesse, lösten sich in der weiteren Entwicklung und Ausdifferenzierung der Kölner Seelsorgeorganisation doch drei eigenständige Pfarrbezirke aus dem Sprengel von St. Severin heraus: Für St. Maria Lyskirchen ist schon 948 die Rede davon, dass 20 Häuser am Rheinufer nicht mehr zum Bezirk von St. Severin gehörten, worin das auch später stets kleine Pfarrgebiet von St. Maria Lyskirchen erkennbar ist. St. Jakob mit der Pfarrkirche am Waidmarkt und St. Johann Baptist entwickelten sich hingegen erst später zu Pfarrgemeinden. Das spätere Pfarrgebiet von St. Johann Baptist gehörte 948 also noch fast vollständig zum Severinsbezirk.

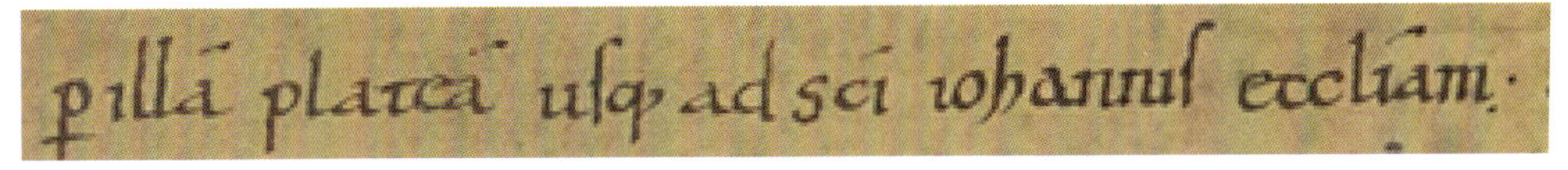

„p(er) illa(m) platea(m) usqu(e) ad s(an)c(t)i iohannis eccl(es)iam“ (Ausschnitt aus der Urkunde von 948)

Folglich handelt es sich bei dem 948 erwähnten Gotteshaus St. Johann Baptist auch nicht um eine Pfarrkirche. Genaugenommen geschieht die Erwähnung lediglich am Rande, als topografischer Orientierungspunkt: In der genannten Umschreibung des Severiner Pfarrbezirks ist der Verlauf der – von der Hohen Pforte ausgehenden – Grenze über die Severinstraße bis zum Perlengraben mit *per illam plateam usque ad sancti Iohannis ecclesiam* (über jene Straße bis hin zur Kirche St. Johann) angegeben. Über diese Johanniskirche wüsste man gerne mehr: Wie alt war sie? Wer hat sie errichtet? Welche Funktion hatte sie? Zu diesen Fragen wurden bereits mehrfach Überlegungen angestellt, doch fehlen letztlich konkrete Fakten ebenso wie weiterführende archäologische Untersuchungen, um zu klaren Antworten zu kommen. Ebenso kann alleine vom Patrozinium Johannes des Täufers nicht auf eine Taufkirche geschlossen werden, wie auch die Verehrung des hl. Johannes seit dem frühen Mittelalter durchgehend anhält. Auffallend ist die exponierte Lage der Kirche an der heutigen Severinstraße, der bedeutenden römischen Straße von Köln nach Bonn, sowie ziemlich zu Beginn des sich auf beiden Seiten dieser Straße erstreckenden antiken Gräberfeldes: Es hat – wie 1963 in einem Kirchenführer der Pfarrei – einen gewissen Reiz, von der Entstehung der Kirche als »Gottesdienstraum aus einem Versammlungsraum an der großen Heerstraße« auszugehen, wenngleich jeglicher Nachweis dafür fehlt. Insofern lässt sich angesichts des gesicherten Belegs von 948 auf keine früheren Anfänge der Kirche St. Johann Baptist schließen als in der ersten Hälfte des 10. Jahrhunderts.

An der Tafel der Stiftsherren von St. Severin

Lediglich über die Rechtsqualität des Ursprungsbaus von St. Johann können einige Schlüsse gezogen werden. Diese sind wie so oft im Mittelalter aus einer deutlich jüngeren Urkunde zu gewinnen, bei der wichtige Rechtshandlungen ältere Rechtsstrukturen widerspiegeln. Konkret ging es fast drei Jahrhunderte nach der Ersterwähnung 1230 um die Wahl des Pfarrers von St. Johann Baptist. Die entsprechende Urkunde zählt eine ganze Reihe von Verbindungen zwischen dem Pfarrer von St. Johann und dem Stift St. Severin auf, die ausdrücklich als altes und anerkanntes Herkommen und Verpflichtung (*salvis antiquis et approbatis consuetudinibus et debitis*) bezeichnet werden. So sollte das Stift St. Severin den Lebensunterhalt des Pfarrers von St. Johann sicherstellen. Dieser musste im Gegenzug jeden Sonntag an einer Prozession und dem anschließenden Hochamt in St. Severin wenigstens bis zur Verlesung des Evangeliums teilnehmen. Am Gründonnerstag erhielt der Pfarrer im Stift – nicht etwa im Dom! – die hl. Öle, anschließend tafelten er und der Kaplan bei den Stiftsherren, wofür diese mehrere Pfund Wachs bekamen. Am 24. Juni, dem Fest des Pfarrpatrons Johannes des Täufers, nahmen die Stiftsherren von St. Severin in St. Johann am Vespergebet des Vorabends sowie am Hochamt teil und wurden dafür allesamt beköstigt. Für die Mitte des 16. Jahrhunderts ist dazu eine umfangreiche Speisen- und Getränkeliste überliefert, die einiges aufführt an Fisch, Fleisch, Käse, *botterweck* und anderes Brot, *ein gode ertzen zop*, schließlich besten Wein in weiß und rot sowie gutes Bier (*copia optimi vini candidi sc. et rubei cum cervisia bona*). Ferner musste, immer wenn bei Prozessionen in der Stadt Köln der Schrein des hl. Severin mitgeführt wurde, der Pfarrer von St. Johann, bekleidet mit Albe und einer Cappa aus Purpur, zusammen mit dem Küster an der Prozession teilnehmen, bis diese am Dom angekommen war, und dabei die vor dem Schrein einherschreitenden Stiftsherren und den Heiligen selbst beweihräuchern.

Diese Regelungen vermitteln einen Eindruck von der Vielfalt und Buntheit gottesdienstlichen Lebens des Mittelalters, in das auch eine Pfarrkirche wie St. Johann einbezogen war. Allerdings ist an den Details noch deutlich eine Unterordnung unter das Stift zu erkennen: Offenbar war St. Johann ursprünglich Filialkirche von St. Severin und wurde als Eigenkirche des Stiftes angesehen.

Von der Filialkirche zur Pfarrkirche

Nach heutigen Vorstellungen wäre der nächste logische Schritt in der Geschichte einer Pfarrgemeinde die eigentliche Pfarrerhebung. Doch wie in vielen vergleichbaren Fällen lässt sich für St. Johann ein solches Dokument nicht nachweisen – und das ist keineswegs ein Problem der unzureichenden Quellenüberlieferung. Vielmehr hängt dieser Umstand mit einer häufig unterschätzten Dynamik der Entstehung von mittelalterlichen Pfarreien zusammen, was so gar nicht zu den gängigen Vorstellungen eines eher statischen Mittelalters passen mag. Fragen wir also: Was lässt in dieser Epoche denn eigentlich eine Pfarrkirche zu einer solchen werden? Im Letzten sind es die einzelnen Pfarrrechte,

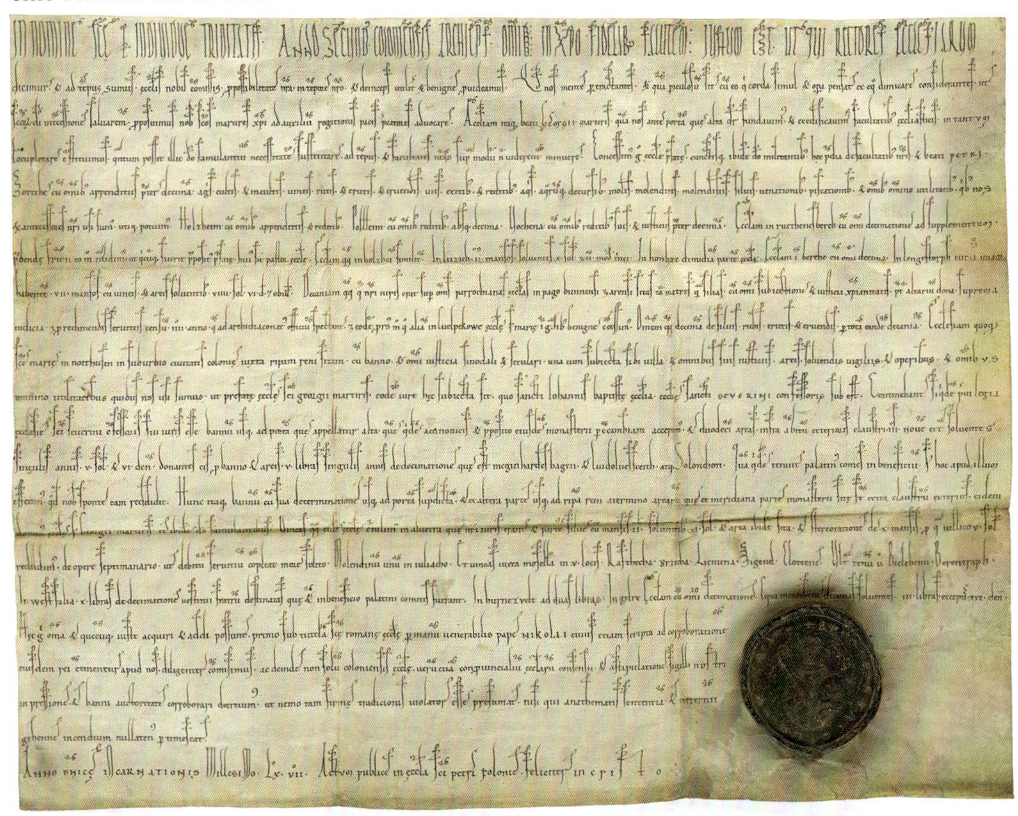

Verfälschte Gründungsurkunde des Stiftes St. Georg von 1067 (siehe dazu die Detailansicht auf Seite 12/13)

die mit der jeweiligen Kirche beziehungsweise mit dem jeweiligen Seelsorger verbunden sind, und von denen als die wichtigsten das generelle Recht auf Seelsorge an den Pfarrangehörigen (*cura animarum*), das Tauf-, das Eheschließungs- sowie das Begräbnisrecht für den jeweiligen Pfarrbezirk gelten. Allgemein ging nun die Entwicklung insbesondere seit dem 11. Jahrhundert dahin, dass sich die ursprünglich großen Pfarrgebiete – wie es ja für St. Severin noch 948 unschwer erkennbar ist – in kleinere Sprengel auflösten. Dies geschah, indem einzelne Kapellen und Filialkirchen schrittweise mit immer mehr Pfarrrechten ausgestattet wurden oder sich diese schlichtweg aneigneten.

Etwas Ähnliches müssen wir uns für St. Johann vorstellen, womit verständlich wird, warum kein klares Datum einer Pfarrerhebung angegeben werden kann. Mehr noch: Für etwa ein halbes Jahrhundert sind die Quellen reichlich verwirrend und sogar widersprüchlich. So scheint eine auf die Zeit um 1080/90 datierte Liste Kölner Stifts- und Pfarrkirchen die Klarheit zu vermitteln, dass St. Johann inzwischen als Pfarrkirche angesehen wurde. Dann stolpert man aber über die Gründungsurkunde des Stiftes St. Georg von 1067 – wiederum jedoch ein verfälschtes Dokument, bei dem es nicht einfach ist, echte von verfälschten Teilen zu unterscheiden. Es heißt dort, dass sich das Verhältnis des neuen Stiftes St. Georg zu St. Maria Lyskirchen in der gleichen Weise gestalten solle, wie St. Johann St. Severin unterstellt sei (*eodem iure ..., quo sancti Iohannis baptiste ecclesia ecclesie sancti Severini confessoris subest*). Da nun St. Maria Lyskirchen schon früher Pfarrkirche war, setzt diese Bestimmung eigentlich die Existenz von St. Johann als Pfarrkirche voraus. Andererseits heißt es in derselben Urkunde, dass der Bezirk von St. Severin, aus dem der neue von St. Georg (später: Pfarrei St. Jakob) ausgeschieden wird, bis zur Hohen Pforte reiche (*usque ad portam, que appellatur alta*) – von dem Pfarrgebiet einer Pfarrei St. Johann Baptist ist also keine Rede. Letztlich fehlt weiteres Quellenmaterial, um diesen Widerspruch aufzuklären, der möglicherweise erst durch die Verfälschung der Urkunde entstanden war.

Die zweite Kölner Stadterweiterung

Ein einschneidendes Ereignis ebenso für die Stadtgeschichte wie die Topografie Kölns war die zweite Erweiterung des ursprünglichen römischen Stadtgebietes im Jahre 1106 nach Norden, Westen und Süden. Dort ist die Erweiterung noch heute anhand der Straßennamen zu erkennen, erfolgte sie doch um das Gebiet zwischen der Römermauer (nördlich der heutigen Straßen Blaubach, Mühlenbach) beziehungsweise der Rheinvorstadt (nördlich der heutigen Straße Filzengraben) und den Straßenzügen Katharinengraben (beziehungsweise An St. Katharinen) und Perlengraben, wobei letztere den Verlauf des Stadtgrabens markieren. Mit dieser südlichen Stadtgrenze von 1106 ist die südliche Pfarrgrenze von St. Johann für die sieben Jahrhunderte so auffallend identisch, dass man annehmen möchte, das Pfarrgebiet habe im Zusammenhang mit dieser zweiten Stadterweiterung seine endgültige Abgrenzung erfahren. In diesem Zusammenhang ist auch der reizvolle

Gedanke, St. Johann sei überhaupt erst 1106 Pfarrkirche geworden, nicht völlig von der Hand zu weisen. Immerhin lag ja mit der Stadterweiterung ein Teil des früheren Pfarrgebietes von St. Severin innerhalb der Stadt, während die Stifts- und Pfarrkirche selbst sich außerhalb derselben befand – ein Umstand, der die (eventuell: endgültige) Abtrennung des Pfarrgebietes von St. Johann nahegelegt hätte. Dagegen sprechen allerdings die beiden bereits genannten Zeugnisse von 1067 und um 1180/90. Zusammengefasst wird man lediglich sagen können, dass sich St. Johann wohl im Laufe des 11. Jahrhunderts und spätestens bis 1106 zur eigenständigen Pfarrei entwickelte.

Pfarrer und Bürger

Für das folgende Jahrhundert verdichten sich jedenfalls eindeutige Belege für die inzwischen voll ausgebildete Pfarrei St. Johann. Die deutlichsten Hinweise geben sicherlich der Baubefund (siehe dazu den Beitrag von Dominik Meiering) sowie die 1176 mit dem Namen »Albertus« einsetzende Liste der nachweisbaren Pfarrer von St. Johann. Nach wie vor unterstand die Pfarrei aber dem Propst und mit diesem dem Stift St. Severin, was beispielsweise daran erkennbar ist, dass der Propst den jeweiligen Pfarrer ernannte. Heinrich Immendorf, Pfarrer von St. Johann von 1541 bis 1565, berichtete, der jeweilige Chorbischof (ein Amt am Stift) von St. Severin sei zugleich Pfarrer von St. Johann Baptist gewesen, habe aber einen beliebigen anderen Priester als Stellvertreter eingesetzt. Dies würde durchaus zu dem passen, was wir sonst über das Verhältnis von Stiftskirchen und von diesen abhängigen Pfarrkirchen wissen.

Für die weitere Entwicklung der Pfarrei ist indessen das Engagement der Pfarrangehörigen entscheidend – und das in einer Stadt wie Köln die wirtschaftlich und politisch erstarkenden Bürger. Die dahinter stehenden Prozesse sind von außerordentlicher Komplexität und sind eng verknüpft mit der Entstehung der bürgerlichen Selbstverwaltung, in der bis heute die wichtigste Grundlage der Kommunalverfassung gesehen wird. Der Entwicklung der stadtkölnischen Autonomie und die Loslösung von der Herrschaft des Erzbischofs insbesondere im 12. und 13. Jahrhundert kann an dieser Stelle nicht weiter nachgegangen werden. Zu erwähnen sind allerdings die sogenannten »Sondergemeinden« (auch »Kirchspiel« oder »Parochie«), bei denen es sich um bürgerlich-genossenschaftlich organisierte Verwaltungskörper handelt. Bereits im 12. Jahrhundert fassbar, sind diese Sondergemeinden älter als entsprechende Strukturen auf gesamtstädtischer Ebene. Die Sondergemeinden nahmen etwa Aufgaben der niederen Gerichtsbarkeit wahr, wählten bis 1341 die Mitglieder des Weiten Rates der Stadt und organisierten den Wachdienst für je einen Abschnitt der Stadtmauer. Insbesondere entstand hier das Schreinswesen, die Aufzeichnung von Immobiliengeschäften, welche für die Zeit bis 1798 »die umfangreichste Überlieferung zum Grundstücksverkehr nördlich der Alpen« (Toni Diederich) hervorbrachte.

Was hat das alles mit St. Johann zu tun? Bezeichnungen und Zuschnitt der Sondergemeinden machen deutlich, dass sie offenbar in enger Anlehnung an die kirchlichen Strukturen der Pfarreien entstanden: Insbesondere im Bereich der alten Römer- sowie der Rheinvorstadt waren ebenso die Grenzen wie die Namen von Pfarreien und Sondergemeinden deckungsgleich. Hingegen bildeten die Gebiete der Stadterweiterung von 1106 im Norden und Süden je eine Sondergemeinde, die mehrere Pfarrgemeinden umfasste: St. Johann Baptist gehörte zusammen mit St. Maria in Lyskirchen und St. Jakob zum Bezirk »Airsbach«. Dennoch dürfte auch hier ein enges Beziehungsgeflecht zwischen den kommunalen Sondergemeinden und den kirchlichen Pfarrstrukturen bestanden haben. Für den weiteren Verlauf der Pfarrgeschichte nicht nur von St. Johann wurde dieser Umstand entscheidend: Es waren dieselben Bürger, die sich im kommunalen Bereich engagierten, aber auch kirchliche Aufgaben übernahmen – konkret bedeutete dies die Übernahme von Kosten und das Engagement für den baulichen Unterhalt der Pfarrkirche. Im Gegenzug beanspruchten die Bürger wichtige Rechte: die Mitwirkung bei der Bestellung von Pfarrer und Küster sowie bei der kirchlichen Finanzverwaltung.

Als die Pfarrer noch gewählt wurden

Im Ergebnis konnten die Bürger in St. Johann und sechs weiteren Kölner Pfarreien eine Mitwirkung bei der Bestellung der Pfarrer durchsetzen, die im Allgemeinen als Pfarrerwahl bezeichnet wird. Dabei handelte es sich aber nicht um demokratische Wahlen nach modernem Verständnis – alleine schon weil keineswegs sämtliche Pfarrangehörigen in einen solchen Prozess eingebunden waren. Die Auswahl eines neuen Pfarrers wurde vielmehr von den wirtschaftlich und politisch einflussreichen Bürgern des Pfarrsprengels vorgenommen. Gleichwohl erinnern diese Beispiele daran, dass die heute gemeinhin übliche Pfarrerbestellung ausschließlich durch den jeweiligen Ortsbischof von der historischen Entwicklung her alles andere als der naheliegende Weg ist: Noch zum Ende des 18. Jahrhunderts konnte der Kölner Erzbischof in den 900 bis 1.000 Seelsorgeeinheiten seines Bistums gerade mal in 40 Pfarreien den Pfarrer frei ernennen. In allen anderen waren es meist Adelige, Stifte und Klöster, denen dieses Recht zustand. Sogenannte Bürgerpatronate wie in den sechs Kölner Pfarreien befanden sich dabei in der Minderheit.

Wie diese Entwicklung in St. Johann im Einzelnen verlief, ist nicht mehr zu rekonstruieren – bekannt ist jedoch deren Resultat: Zwischen den Pfarrangehörigen von St. Johann Baptist und dem Klerus von St. Severin war es über die Frage der Pfarrerbestellung offenbar zu handfestem Streit gekommen, den 1230 drei hohe Mainzer Kleriker, die der Papst als Richter bestellt hatte, beilegen konnten. In der darüber ausgefertigten Urkunde wird sehr detailliert festgehalten, dass künftig bei Vakanz der Pfarrstelle vier Wahlmänner aus den Reihen der Pfarrangehörigen binnen zehn Tagen zwei geeignete Kandidaten vorschlagen sollten, von denen der Propst von St. Severin dann einen zum Pfarrer bestellen musste. Wohl im Gegenzug für diese doch sehr weitreichenden Wahlrechte der Pfarrangehörigen werden vonseiten der Richter einige – oben bereits beschriebene – ältere Gebräuche und Verpflichtungen eingeschärft, welche die frühere Abhängigkeit von St. Severin als Mutterkirche deutlich machen. Damit hatte St. Johann Baptist als vierte Kölner Pfarrei 1230 faktisch das Recht der Pfarrerwahl erlangt. Genau zwei Jahrzehnte zuvor sind für 1210 mehrere Altarweihen in St. Johann Baptist belegt, die auf umfangreiche Baumaßnahmen hindeuten (vgl. den Beitrag von Dominik Meiering) und den offenbar engen Zusammenhang zwischen dem finanziellen Engagement der Bürger beim Kirchenbau und ihrem Pfarrerwahlrecht verdeutlichen.

Was sonst noch zu einer Pfarrei gehört:

Pfarrhaus ...

Der Ausbildung des Pfarrerwahlrechts schließen sich weitere wichtige Belege zeitlich an. Schon 1256 setzen die Belege für die Existenz eines Pfarrhauses ein, was in seiner Bedeutung für die allmähliche Loslösung von der Mutterkirche St. Severin gewiss nicht zu unterschätzen ist, konnten die Bürger doch umso eher auf ihre Rechte pochten, je mehr sie sich für den Bau von Kirche und auch des Pfarrhauses engagierten. Bereits der erste Beleg von 1256 nennt nicht nur das Pfarrhaus selbst, sondern ein dazu gehörendes *pomerium*, also einen Garten, in dem (Obst)bäume standen. Schwieriger ist hingegen eine genaue Lokalisierung des Pfarrhauses, das sich anfangs wohl an der Südseite der Spielmannsgasse befand, unmittelbar der Kirche anschließend. Vor 1351 muss es dann verlegt worden sein auf die gegenüberliegende Straßenseite, sodass es dann von der Severinstraße aus das erste Haus in der Spielmannsgasse war, gleich gegenüber der Kirche. Allzu viel ist über das Aussehen des Pfarrhauses nicht bekannt; möglicherweise erstreckte sich vom ersten Stock des Pfarrhauses über die Straße hinweg ein Verbindungsgang zur Kirche, wie Wilhelm Esser in seiner Pfarrgeschichte behauptet. 1464 sicherte der Pfarrer Johann Bardun bei seinem Amtsantritt zu, dass er und auch der Kaplan im Pfarrhaus wohnen würden, nicht zuletzt damit die Gläubigen (*dat kirspells volck*) ihre Geistlichen dort auch antreffen könnten. Über 600 Jahre blieb das Pfarrhaus an gleicher Stelle – nach 1829 baute die Stadt Köln es neu –, bis es in den Bombennächten des Zweiten Weltkriegs völlig zerstört und dann an anderer Stelle wiederrichtet wurde.

... Schule, Stiftungen ...

Auch für die Existenz einer Pfarrschule liegen bereits für das 13. Jahrhundert (1284, 1291) indirekt Belege vor, insofern nämlich das Haus eines Schulmeisters in der Spielmannsgasse genannt wird. Dicht belegt sind für das gleiche Jahrhundert ferner erste Stiftungen: Die seit 1235 aus Kreisen der Pfarrangehörigen getätigten Stiftungen zu deren

Totengedenken dokumentieren die wachsende Bindung der Bürger an »ihre« Pfarrkirche, welche durch die Stiftungseinkünfte einen nicht zu unterschätzenden Vermögenszuwachs erhielt. Zudem bildeten diese Stiftungen Sondervermögen, die nicht einfach vom Pfarrer alleine oder gar von der früheren Mutterkirche St. Severin verwaltet wurden. Vielmehr sicherten sich die Pfarrangehörigen auch hier entsprechende Mitwirkungsrechte. Es zeigen sich somit ähnliche Mechanismen wie beim Engagement der Bürger für den baulichen Unterhalt der Kirche. Letzteres dehnte sich dann auch auf die Ausstattung der Kirche aus, ist doch für die Zeit um 1300 die Anfertigung eines ersten Antoninaschreins durch die Pfarrangehörigen belegt (vgl. dazu den Beitrag von Magrit Jüsten-Hedtrich).

… und die Kirchmeister

Hingegen ist das wichtige Gremium der Kirchmeister für St. Johann vergleichsweise spät belegt. Das Amt des Kirchmeisters bildete sich seit dem späten Mittelalter an fast allen Pfarrkirchen weit über Köln hinausgehend aus. Entstanden im Letzten aus den Bestrebungen, den Klerikern die alleinige Kontrolle über das pfarrliche Kirchenvermögen zu entziehen, handelte es sich bei den Kirchmeistern um Pfarrangehörige, also Laien, die zunächst neben dem Pfarrer, insbesondere an städtischen Pfarrkirchen, dann aber oft ohne den Pfarrer für die Verwaltung des Pfarrkirchenvermögens zuständig waren. Vor allem in den Städten kamen die Kirchmeister aus den politisch einflussreichen und wohlhabenden Familien; auch in den Kölner Pfarreien engagierten sich oft Ratsherren, Kaufleute und sonstige Vertreter der städtischen Führungsschicht als Kirchmeister. Gewählt wurden die Kirchmeister von den in der Pfarrei ansässigen Grund- und Hauseigentümern.

Für St. Johann sind Kirchmeister erst Mitte des 14. Jahrhunderts bezeugt – mehr als ein Jahrhundert nach dem Erwerb des Pfarrerwahlrechts durch die Pfarrangehörigen. Die Zahl der Kirchmeister war unterschiedlich – meist werden zwei oder drei gleichzeitig amtierende genannt, dann aber etwa von 1675 bis 1692 gleich sechs Kirchmeister. 1464 ließen sich die Kirchmeister im Amtseid des neuen Pastors Johannes Bardun alle möglichen Garantien geben: Sie sollten etwa alle Stiftungseinkünfte erhalten, durften den Küster anstellen und mussten bei der Auswahl von Priestern für die in der Pfarrei gelegene Matthiaskapelle sowie die Johannesklause (dazu siehe unten) ihre Zustimmung geben. Vergleicht man diese Bestimmungen mit den Regelungen, die 1230 zur Anbindung der Pfarrer an das Stift St. Severin getroffen wurden, dann wird deutlich, wie sehr sich die Zeiten geändert hatten: Von der früheren Mutterkirche St. Severin hatte sich St. Johann Baptist völlig emanzipiert. Doch das Sagen hatten weder die Stiftsherren von St. Severin noch der Pfarrer von St. Johann, sondern faktisch die bürgerlichen Kirchmeister.

Erste Seite eines der Amtsbücher, das die Kirchmeister zur Verwaltung des Kirchenvermögens benutzten, 15. Jh.

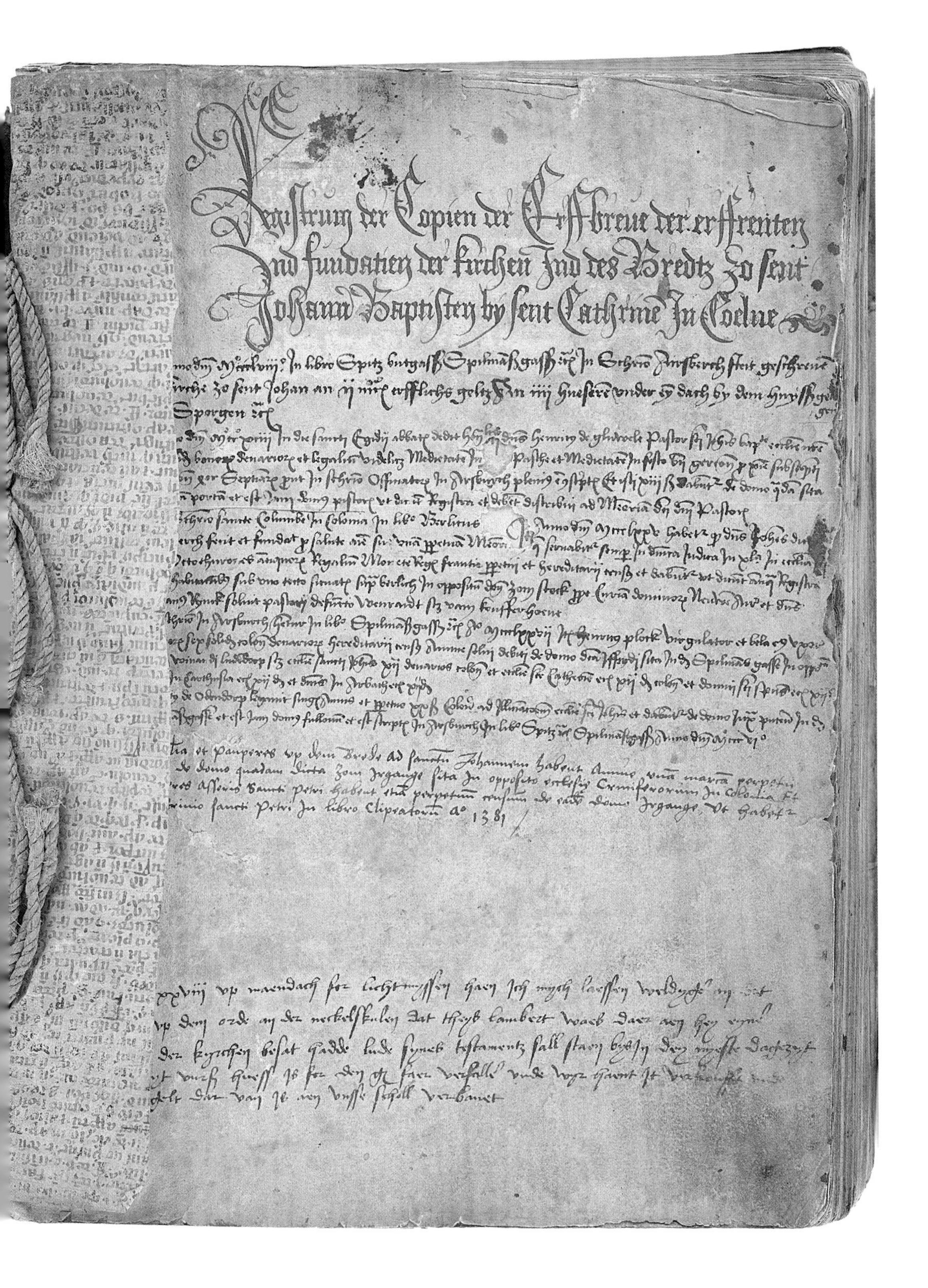

Registrum der Copien der Erffbreue der erffrenten und fundatien der kirchen und des Predtz zo sent Johann Baptisten by sent Cathrine in Coelne

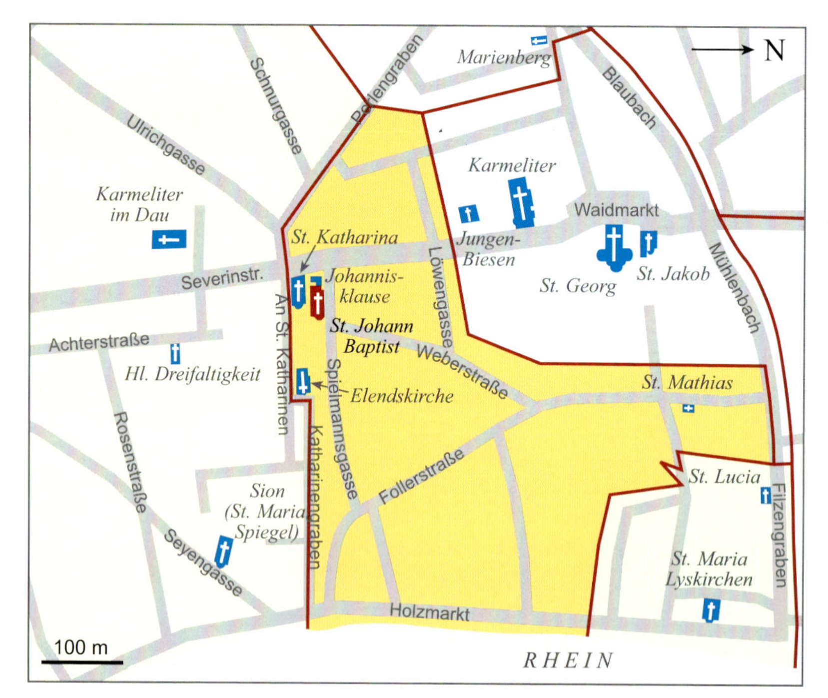

Pfarrgrenzen vor 1803

Pfarrgebiet von St. Johann Baptist

Pfarrgebiet von St. Jakob

Pfarrgebiet von St. Maria Lyskirchen

Pfarrgebiet von St. Severin

Der Pfarrbezirk von St. Johann Baptist vor 1803

Der Pfarrbezirk von St. Johann Baptist in reichsstädtischer Zeit

Mit der Beschreibung der institutionellen Entwicklung der Pfarrei ist noch nichts ausgesagt über den Pfarrbezirk im Mittelalter und bis zum Ende der reichsstädtischen Existenz Kölns am Ausgang des 18. Jahrhunderts: Wie sah es hier aus? Wie war seine Sozialstruktur zusammengesetzt? Welche Straßen verliefen hier?

Zunächst muss man sich vor Augen halten, dass der Pfarrbezirk von St. Johann Baptist in den ersten Jahrhunderten seines Bestehens einen deutlich anderen Schwerpunkt hatte als in den Jahrzehnten vor der Auflösung der Pfarrei: Während sich anfangs das Pfarrgebiet im Gebiet der Stadterweiterung von 1106 und damit fast ausschließlich nördlich der Pfarrkirche ausdehnte, erstreckte sich das Pfarrgebiet insbesondere nach dem Bau der Severinsbrücke (1959) größtenteils südlich der Pfarrkirche ins Severinsviertel hinein. Während des Mittelalters und der Frühen Neuzeit dürfte der Sprengel entlang der Straßen durchweg schon recht dicht bebaut gewesen sein, doch zeigt etwa der bekannte Mercatorplan von 1571 recht deutlich, dass es zwischen den Häusern durchaus noch größere Höfe,

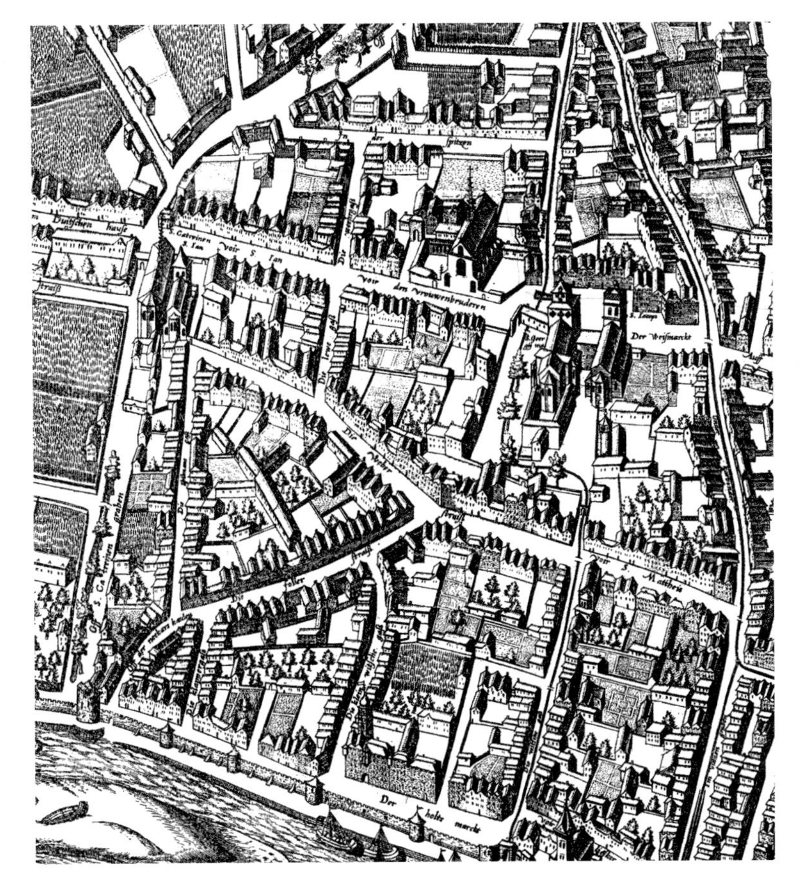

Vogelschauplan von Arnold Mercator, 1571: Ausschnitt mit dem Pfarrgebiet von St. Johann Baptist

Baum- und Gartenflächen gab. 1705 umfasste das Pfarrgebiet 699 Häuser und war damit von den Kölner Pfarreien nach Zahl der Häuser immerhin die drittgrößte.

Hinsichtlich der genauen Sozialstruktur des Pfarrsprengels ist nicht allzu viel bekannt. Neben vereinzelten Vertretern der städtischen Führungsschicht, die sich vielfach als Kirchmeister engagierten, dürfte es sich bei der Masse der Pfarrangehörigen um Handwerker und »kleine Leute« gehandelt haben. Bekannt ist die hohe Präsenz der Weber im Pfarrgebiet, was sich bis heute im Namen der »Weberstraße« niederschlägt: Aufgrund der Wirtschaftsstruktur Kölns spielten die textilverarbeitenden Gewerbe eine große Rolle, insbesondere die Zahl der Wollweber war groß. Wie in mittelalterlichen Städten üblich, waren auch in Köln manche Straßenzüge vorzugsweise von den Vertretern eines Gewerbes besiedelt. Größere Gruppen von Webern lebten in der Gegend des Griechenmarktes und eben in der Weberstraße, deren lateinische Straßenbezeichnung *platea textorum* bereits Anfang des 13. Jahrhunderts vorkommt. Gleich um die Ecke befand sich in der Mathiasstraße von 1412 bis zur Aufhebung der Zünfte 1798 das Zunfthaus der Wollenweberzunft. Üblicherweise war mit einer Zunft als gewerblicher Korporation eine Bruderschaft als

So genannte Weberglocke von 1400, nach der Zerstörung des Kirchturms im Schutt liegend

religiöse Vereinigung verbunden – so auch bei den Webern. Diese Weberbruderschaft hatte sich an St. Johann angesiedelt, sie beging hier ihre Bruderschaftsgottesdienste und Zusammenkünfte. Sonderlich gut ist die Bruderschaft nicht belegt: Erst 1514 sicher bezeugt, war ihr Patron nach einer Quelle der hl. Severus, Patron der Weber, nach anderen Quellen hingegen Johannes der Täufer, Patron der Bruderschafts- und Pfarrkirche. Als die Weber 1370 mit dem sogenannten Weberaufstand in gewaltsame politische Auseinandersetzungen verwickelt waren und letztlich unterlagen, soll der Weberbruderschaft eine bis dahin in St. Johann Baptist aufgehängte eigene Glocke konfisziert worden sein.

Auch wenn die Quellenlage zu dieser Bruderschaft eher dünn ist, werden die wohl recht engen Verbindungen der Weber zu St. Johann deutlich. Die Erinnerung daran lebt weiter in dem 1966 errichteten Brunnen auf dem Platz »An Zint Jan«, dessen Wasserschalen an ein Weberschiffchen erinnern (vgl. dazu den Beitrag von Birgit Gerdes).

Der »kölsche Vatikan« in reichsstädtischer Zeit

Mit dem Blick in die Weberstraße ist man schon tiefer ins Pfarrgebiet gekommen, das in diesem Rahmen gar nicht umfassend beschrieben werden kann. Von Interesse ist aber die unmittelbare Umgebung der Kirche, denn bereits im Mittelalter kam es hier zu einer Anhäufung kirchlicher Gebäude und Einrichtungen. Damit ergibt sich eine verblüffende Parallele zur Entwicklung nach dem Zweiten Weltkrieg, die dem Straßenblock rund um St. Johann den Namen »kölscher Vatikan« eingetragen hat (vgl. dazu den Beitrag von Birgit Gerdes).

St. Katharinen

Beginnen wir also einen Rundgang im Süden der Pfarrkirche, wo sich in unmittelbarer Nachbarschaft das Gotteshaus der Deutschordenskommende, St. Katharina, befand. In der zweiten Hälfte des 13. Jahrhundert war die um 1400 erweiterte Kirche im 1106 angelegten, inzwischen wieder funktionslos gewordenen Stadtgraben errichtet worden, während sich die eigentliche Ordenskommende südlich davon befand, getrennt durch den zum Rhein hinlaufenden Straßenzug. Dadurch war die paradoxe Situation entstanden, dass die

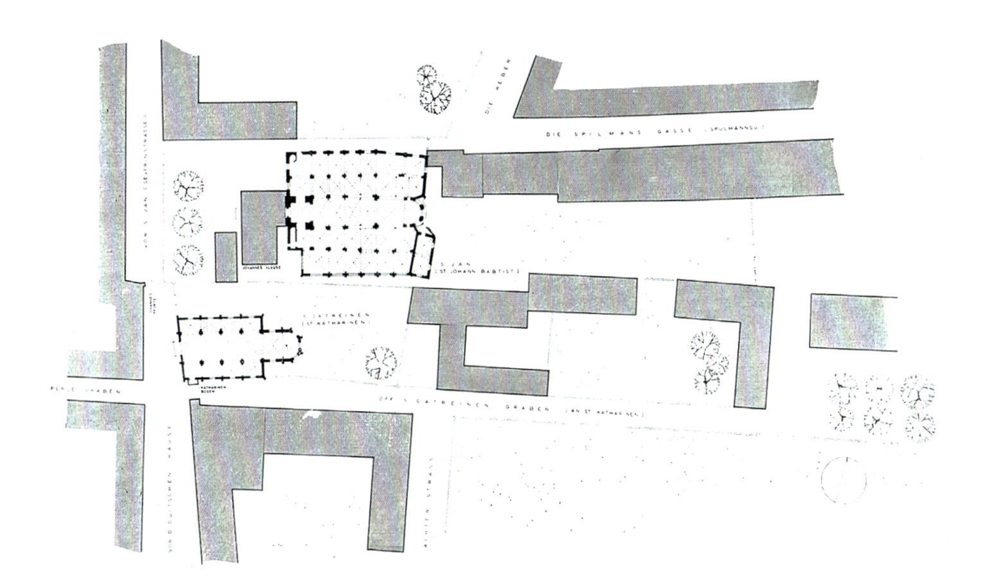

Lage von St. Johann Baptist, St. Katharinen und Umgebung um 1550

Katharinenkirche noch zum Pfarrgebiet von St. Johann gehörte, während die Kommende selbst schon im Sprengel von St. Severin lag. 1807, bald nach der Säkularisation, wurde die Katharinenkirche abgerissen, sodass heute nur noch die Straßennamen »Katharinengraben«, »Katharinenhof« und »An St. Katharinen« an sie erinnern.

Allegorie des Todes über dem Portal der Elenskirche

Elendskirche

Führt der Rundgang weiter durch den sogenannten Katharinenbogen – ein Tor, das mit einem Gang überbaut war, welche Katharinenkirche und Kommende verband – in die heutige Straße »An St. Katharinen«, stößt man gleich hinter der Katharinenkirche auf einen Friedhof. Hier, gleichfalls im alten Stadtgraben von 1106, fanden an recht abgelegener Stelle in der Stadt Fremde, die als Kaufleute oder insbesondere als Pilger nach Köln gekommen und fernab der Heimat, also im »Elend«, verstorben waren, ihre letzte Ruhestätte. Den Friedhof bezeichnete man daher als »Elendskirchhof«. In der Frühen Neuzeit wurden auch Protestanten dort beerdigt. Erst Ende des 15. oder Anfang des 16. Jahrhunderts errichtete man auf dem Friedhof eine kleine Kapelle, die zur Keimzelle eines heute noch bestehenden Kirchbaus wurde: Bereits im 17. Jahrhundert hatten Vertreter der Kölner Ratsherren- und Bürgermeisterfamilie von Groote mehrere Stiftungen für den Friedhof und die Kapelle getätigt, bis dann von 1764 bis 1771 die heute noch bestehende Kirche völlig neu errichtet wurde. Als letzter Sakralbau des reichsstädtischen Kölns erbaut, trägt das Gotteshaus das Patrozinium des hl. Gregors, wird aber angesichts der Örtlichkeit durchweg als »Elendskirche« bezeichnet. Auf die Lage auf dem einstigen Friedhof verweist nicht zuletzt auch die beeindruckende Allegorie des Todes über dem Portal – ein mit den päpstlichen Insignien ausgestattetes Skelett auf einem offenen Sarg triumphierend. Im Zweiten Weltkrieg wurde die Elendskirche bis auf die Außenmauern zerstört, in den anschließenden Jahrzehnten aber wieder aufgebaut. Erhalten ist auch das Haus mit Sakristei und Küsterwohnung (18. Jahrhundert) nördlich der Kirche, während von der ebenfalls kriegszerstörten Everhardkapelle an der Südseite nur der Grundriss im Straßenpflaster zeugt. Bis heute befindet sich die Elendskirche im Eigentum der Familie von Groote und ist damit im Erzbistum Köln eines der wenigen Kirchengebäude in Privatbesitz.

Die Pfarrfriedhöfe

Der Elendskirchhof dürfte unmittelbar an einen der Friedhöfe von St. Johann angegrenzt haben, über den der Rundgang weiterführt, auch wenn beide Friedhöfe sicherlich deutlich voneinander getrennt waren. Da das Begräbnisrecht ein wesentliches Charakteristikum für die Pfarrkirche war, besaßen – wie es heute noch in ländlichen Gebieten üblich ist – auch die 19 Kölner Pfarrkirchen bis zur Einrichtung des Zentralfriedhofs Melaten 1810 jeweils eigene Friedhöfe, die unmittelbar am Gotteshaus gelegen waren. Für St. Johann lassen sich gleich vier Begräbnisplätze nachweisen, woran deutlich wird, dass in der Nähe der Pfarrkirche bisweilen schlichtweg Mangel an geeigneten Flächen geherrscht haben dürfte. Das an den Elendsfriedhof angrenzende Begräbnisareal erstreckte sich östlich hinter der Kirche und war zur Spielmannsgasse hin ausgerichtet. Bereits 1259 erwähnt, erwarben die Kirchmeister 1538 ein Haus mitsamt Hof um den *kyrchen kyrchhoff zu vermeeren.* Andererseits erfuhr dieser Kirchhof in gleicher Zeit durch die Anlage des südlichen Seitenschiffs sowie rund 130 Jahre später durch den Bau einer Sakristei eine erhebliche Beschneidung, sodass er bald aufgegeben wurde. Noch heute finden sich indessen im Grüngelände südöstlich der Kirche immer wieder einzelne menschliche Knochen.

Ersatz schuf seinerzeit ein 1693 erworbener Platz an der Ecke Spielmannsgasse/Weberstraße, der auf einem 1702 entstandenen Vogelschauplan der Stadt Köln an seinem steinernen Kreuz deutlich als Friedhof zu erkennen ist. Ein dritter, wohl kleiner Kirchhof wird im 13. und 14. Jahrhundert im Bereich zwischen Kirche und Severinstraße erwähnt, und schließlich war es immer wieder üblich, insbesondere wohlhabendere Verstorbene in der Kirche zu bestatten: Ein Verzeichnis von 1775 führt 104 Gräber auf, die sich in der Pfarrkirche befanden. Nur selten dürften die entsprechenden Grabplatten die Gräber luftdicht verschlossen haben, sodass St. Johann bisweilen ein erheblicher Leichengeruch – um nicht zu sagen: Gestank – durchzogen haben muss.

Küsterhaus

Daher führt der Rundgang auch weiter durch die frische Luft und kommt am Küsterhaus in der Spielmannsgasse vorbei, das sich im Straßenverlauf unmittelbar neben der Kirche befindet. Schon im 15. Jahrhundert wird ein Haus des Küsters in der Spielmannsgasse erwähnt. In der Auswertung zweier Urkunden des Jahres 1538 kam Wilhelm Esser in seiner Pfarrgeschichte zu dem Schluss, dass sich das Küsterhaus zunächst an anderer Stelle in der Spielmannsgasse befand, 1538 verkauft und an seiner Stelle das spätere Küsterhaus erworben wurde. Tatsächlich sind auf so kleinem Raum die topografischen Angaben der einzelnen Quellen alles andere als eindeutig zuzuweisen. Insbesondere ist in einer der beiden Urkunden von 1538 lediglich die Rede von der (bereits erwähnten) Erweiterung des Kirchhofs, nicht jedoch von der künftigen Nutzung des von den Kirchmeistern erworbenen Hauses als

Spielmannsgasse mit Küsterhaus und Nordseite von St. Johann Baptist, vor 1940

Küsterhaus. Daher ist Zweifel angebracht, ob es sich bei diesem Haus wirklich um das Küsterhaus handelt und nicht viel mehr um ein anderes benachbartes. Vielmehr dürfte die Wohnung des Küsters sich auch seinerzeit schon an der Stelle befunden haben, wo sich auch später jenes Haus erhob, das außen eine um 1500 entstandene spätgotische Kreuzigungsgruppe und in seinem 1637 neu errichteten Teil einen steinernen Treppengiebel aufwies und so zusammen mit der Kirche »eine malerische Baugruppe« bildete, wie es 1911 ein Kunstdenkmälerinventar formulierte. Nach den Zerstörungen des Zweiten Weltkriegs konnte wenigstens die erhaltene Kreuzigungsgruppe an gleicher Stelle wieder errichtet werden.

Johannisklause

Biegt man von der Spielmannsgasse links in die Severinstraße ein, so ist fast wieder der Ausgangspunkt des Rundgangs erreicht. Da Kirche und Kirchturm von St. Johann Baptist um einiges von der Straße weggerückt waren, schob sich von der Severinstraße aus gesehen seit wenigstens 1601 ein Klostergebäude davor, hinter dem dann der Kirchturm und die beiden nördlichen Seitenschiffe herausragten. Die Ursprünge dieses Klosters liegen in einer 1277 erstmals bezeugten, zunächst mit einer, dann wohl mit drei Inklusen (Klausnerinnen) besetzen Klause, gemeinhin als »Johannisklause« oder schlichtweg nur »Klause« bezeichnet und vom Pfarrer geistlich betreut. Um 1500 nahmen die Inklusen die Benediktregel an und waren fortan Benediktinerinnen. Wie diese Klause beziehungsweise das Kloster aussah, entzieht sich völlig unserer Kenntnis; wohl gab es spätestens im 16. Jahrhundert eine den Vierzehn Nothelfern geweihte Kapelle. Nach 1601 erfolgte jedenfalls ein umfassender Neubau, der wohl unter Veränderungen – wie die Jahreszahl 1711 am Giebel verdeutlichte – bis zu den Bombennächsten des Zweiten Weltkriegs fortbestand.

Kloster St. Johann (rechts), Vorhalle der Kirche (links) und Kirchturm, um 1920

Heiratsbuch von St. Johann Baptist: Einträge von 1599–1600, mit Namen der Eheleute und Strichen für das dreimalige Eheaufgebot

Seelsorge und kirchliches Leben

Man muss sich vor Augen führen, dass alle genannten Gebäude und Einrichtungen letzten Endes einem Zweck dienten, nämlich der Seelsorge (lat. *cura animarum*). In den hier behandelten Jahrhunderten verstand man unter Seelsorge die Verwaltung der Sakramente und die Durchführung von Gottesdiensten, näherhin ging es insbesondere um Taufe, Predigt, Beichte, Altarsakrament, letzte Ölung, Begräbnis und Totengedenken. Diese allgemeinen Hinweise müssen fast schon genügen, denn anders als die Verwaltung des kirchlichen Vermögens und der Bauten, die lediglich den äußeren Rahmen für die Seelsorge abgaben, hinterlässt seelsorgliches Handeln oftmals keine oder nur sehr dünne Quellen.

So sind wir über die Spendung insbesondere des Tauf- und des Ehesakramentes erst durch die in Köln im beginnenden 17. Jahrhundert einsetzenden Kirchenbücher informiert. Insofern ist es eine Besonderheit, dass sich für St. Johann Baptist eines der ältesten Heiratsbücher der Stadt Köln erhalten hat. Es verzeichnet die Eheschließungen seit 1599 und veranschaulicht mit der auf den ersten Seiten wiedergegebenen Abschrift des auf dem Konzil von Trient (1545–1563) erlassenen Ehedekretes, dass es katholischerseits dieses Konzil war, das den Startschuss zu einer regelmäßigen Kirchenbuchführung gegeben hatte.

Noch bis ins 20. Jahrhundert hinein spielten im kirchlichen Leben ferner Bruderschaften eine nicht zu unterschätzende Rolle. Insbesondere im Mittelalter und in der

Frühen Neuzeit handelte es sich hierbei um Vereinigungen meist von Laien, die sich dem gemeinsamen Frömmigkeitsleben in Form von Andachten, Messen, Wallfahrten, Prozessionen und insbesondere dem Totengedenken für die jeweils verstorbenen Mitglieder widmeten. Dabei übertraf Köln an Zahl der Bruderschaften jede andere deutsche Stadt; für das 12. bis 16. Jahrhundert sind 130 Bruderschaften belegt, die jedoch nicht alle gleichzeitig bestanden. Für die meisten Pfarrkirchen sind lediglich eine bis drei Bruderschaften nachgewiesen, sodass St. Johann mit drei entsprechenden Vereinigungen im Vergleich nicht schlecht dasteht. Es handelt sich dabei um die bereits erwähnte, leider nur schlecht belegte Bruderschaft der Weber sowie um eine Antoninabruderschaft, die in den Quellen ebenfalls kaum fassbar ist. Lediglich 1645 einmal erwähnt, soll es sich um eine Vereinigung *utriusque sexus adolescentibus* (»für Heranwachsende beiderlei Geschlechts«) gehandelt haben. Mehr ist bekannt über die um 1500 errichtete Marienbruderschaft, die sich selbst als *Unser Liever Vrauwen brodershafft* bezeichnete, und deren Bruderschaftsbuch erhalten ist. Die Statuten lassen erkennen, dass einer der Schwerpunkte die Totenfürsorge in Form eines alljährlichen Totengedenkens am Sonntag nach Pfingsten sowie in der Bereitstellung von vier Pfund Wachs für Kerzen beim Begräbnis eines Bruderschaftsmitgliedes war. Wie für viele Vereinigungen schien auch das jährliche Bruderschaftsessen eine gewisse Rolle gespielt zu haben, denn sonst hätten nicht schon nach zwei Jahrzehnten die ersten Statuten 1521 einen Zusatz erhalten, der sich zu einem großen Teil mit den Speisen und Getränken beim Bruderschaftsmahl befasst. Demnach sollte es geben: *eyn myt daghs essen myt ertzen, schynken, gereucht vleysch, dar na hammel vleysch myt ... kese, na broitz, ruggen ind wyss, genoich, ... eder broder 1 quart (wijn) ind die suster eyn quart.* Zwei 1500 angelegte Mitgliederlisten führen 49 *broedere* und 30 *susteren* auf, bei denen es sich durchweg um Laien handelte, die sämtlich dem Pfarrbezirk entstammt haben dürften. Angesichts dieser Zahl dürfte die große Masse der Pfarrangehörigen nicht dieser Bruderschaft angehört haben – alleine schon deshalb, weil auch Eintrittsgelder und sonstige Gebühren zu zahlen waren. Andererseits schottete sich die Marienbruderschaft aber auch nicht sozial völlig nach unten ab, wie manche andere der Kölner Laienbruderschaften: Die Listen von 1500 sowie die nachfolgenden bis 1628 lassen erkennen, dass ihr zwar einzelne Ratsmitglieder angehörten, durchaus aber auch Handwerker wie je ein Schuhflicker, Wollenweber, Glockengießer, Steinmetz sowie ein Käsehändler aus der Löwengasse und ein Schiffer aus Duisburg. Daneben werden die Küster von St. Johann genannt sowie an Geistlichen im Wesentlichen die jeweiligen Pfarrer und Kapläne von St. Johann.

Insgesamt ist wie für viele Kirchen auch für St. Johann von einem sehr viel intensiveren und dichteren gottesdienstlichen Leben auszugehen, als es heute noch vorstellbar ist. Dabei ergaben sich auch in den Jahrhunderten des späten Mittelalters und der Frühen Neuzeit in den konkreten Formen immer wieder Wandlungen, sodass jede Vorstellung eines unveränderten und statischen kirchlichen und liturgischen Lebens fehl am Platze ist: Die Frömmigkeit des vorreformatorischen 15. Jahrhunderts unterschied sich durchaus etwa von

„Hostien Zettul", 1683

der barocken Katholizität der nachtridentinischen Zeit. In diesem Zusammenhang ist ein seltenes Dokument von Interesse, nämlich ein Hostienzettel, der den Verbrauch der Pfarrkirche St. Johann an Hostien für die 13 Monate von Januar 1682 bis Januar 1683 festhält. In dieser Zeit wurden insgesamt 16.000 Hostien verbraucht, wöchentlich im Durchschnitt also mehr als 285. Zwar lassen sich auf dieser Basis keine genaueren Zahlen erheben, doch wird die quantitative Dimension des gottesdienstlichen Lebens in dieser Zeit in Umrissen erkennbar, wenn man berücksichtigt, dass der häufige, gar wöchentliche Kommunionempfang noch bis ins 20. Jahrhundert alles andere als weit verbreitet war.

Was von Geschichte übrig bleibt: Arnold von Siegen und seine Strasse

Fragt man nicht nur nach den Strukturen und den Inhalten des kirchlichen Lebens, sondern auch nach den die Pfarrei prägenden Persönlichkeiten, dann fällt der Blick interessanterweise zunächst nicht auf einen der Pfarrer, sondern auf einen der aus laikalen, bürgerlichen Kreisen stammenden Kirchmeister: Arnold von Siegen. Tatsächlich liegt hier für Köln der fast einzigartige Fall vor, dass die Bedeutung des Kirchmeisters einer Pfarrei zu einer Straßenbenennung führte, wie 1962 mit der Bezeichnung des Verbindungsweges zwischen Spielmannsgasse und An St. Katharinen nach Arnold von Siegen geschehen.

Arnold von Siegen auf dem linken Seitenflügel des von ihm gestifteten Flügelalters, um 1540

Arnold von Siegen (1484–1579) stammte aus einer Kölner Kaufmanns- und Ratsherrenfamilie, gehörte also zur politischen Führungsschicht der Stadt. Er selbst bekleidete zwischen 1529 und 1562 zwölfmal das Amt des Kölner Bürgermeisters. Am Holzmarkt erweiterte die Familie um 1528 ihr Wohnhaus zu einem repräsentativen Hof mit einem hohen achteckigen Treppenturm und einer eigenen Kapelle; zur Straße und Rheinfront hin wiesen die Mauern Zinnen und Eckwarten auf. Diesem auf allen Rheinansichten Kölns gut erkennbaren Bau und der gesellschaftlichen Stellung sowie dem Reichtum Arnolds von Siegen entsprechend, nahmen hier im 16. Jahrhundert mehrere Herrscher beziehungsweise deren Familienmitglieder bei Kölnaufenthalten Quartier, so 1548 und 1550 Kaiser Karl V., für den Arnold häufiger als kaiserlicher Gesandter fungierte. In St. Johann, seiner Pfarrkirche, war Arnold von Siegen nicht nur – wie vorher sein Vater und später sein Sohn – Kirchmeister, sondern er ließ der Pfarrei reiche Stiftungen zukommen: Das zweite südliche Kirchenschiff mit Chor und Familiengruft geht ebenso auf Arnold von Siegen zurück (vgl. dazu den Beitrag von Dominik Meiering) wie ein Flügelaltar unter anderem des Malers Barthel Bruyn (um 1540) und Schenkungen an den Armenfonds, was der heutigen Pfarrcaritas entspricht. 1566 stiftete der Kirchenmeister ein bronzenes Taufbecken (vgl. dazu den Beitrag von Magrit Jüsten-Hedtrich). Nach seinem Tod am 8. Januar 1579 wurde Arnold von Siegen in St. Johann begraben. Der Chronist Hermann von Weinsberg würdigte ihn ausführlich und schreibt: Arnold von Siegen *war uberaus beredt und gespreich und fruntlich, nit grois von personen, gar roit im angesicht. Ist vil uff richztagen, stettagen und anderswa gebraucht worden. Hat vil schoner tugent an sich, aber auch etliche lastern.*

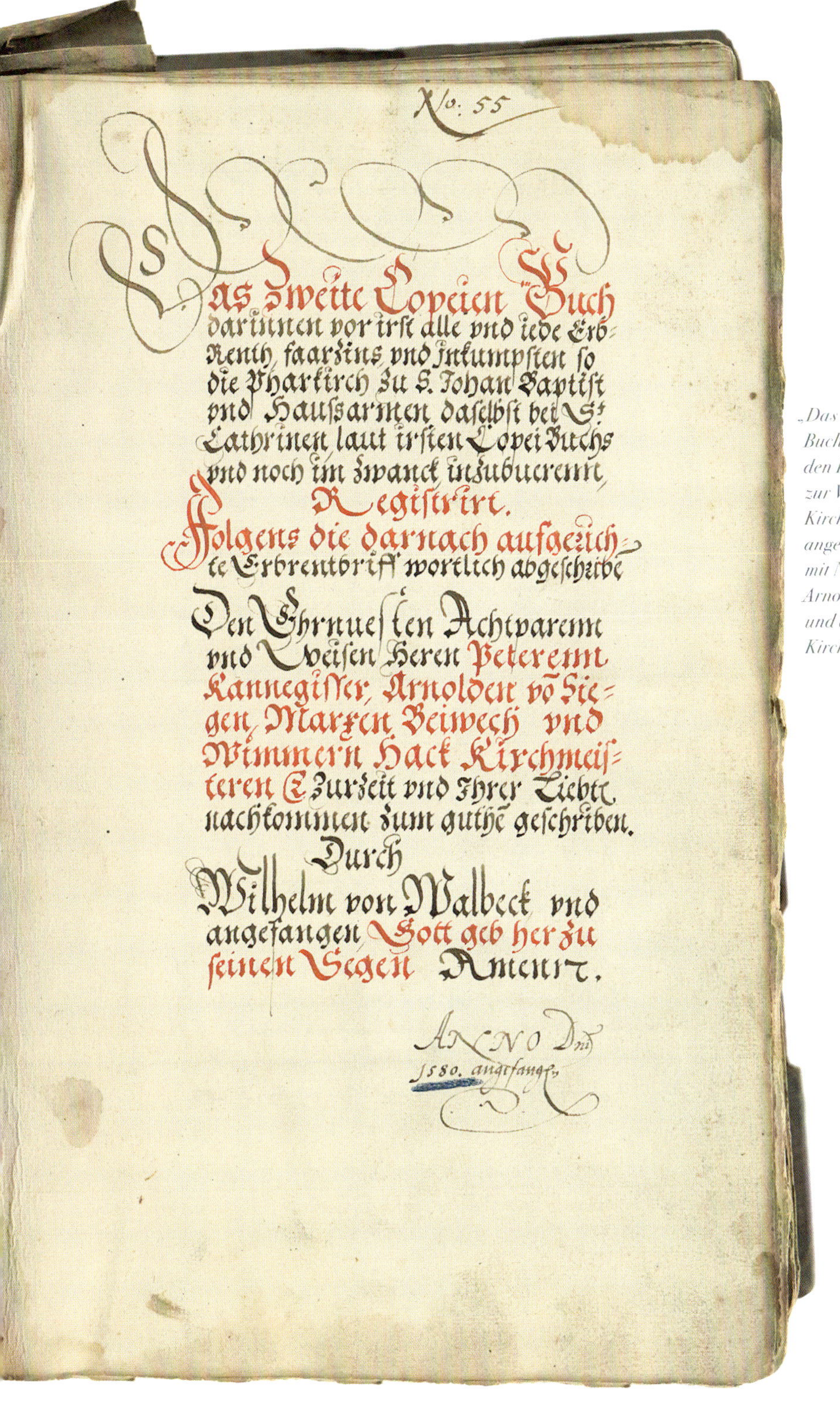

No: 55

Das zweite Copeien Buch
darinnen vor irst alle vnd iede Erb-
Renth, faarzins vnd inkumpsten so
die Pharkirch zu S. Johan Baptist
vnd Haussarmen daselbst bei S:
Cathrinen laut irsten Copei Buchs
vnd noch im zwanck inzubuerenn,
Registrirt.
Folgens die darnach aufgerich-
te Erbrentbriff wortlich abgeschribē

Den Ehrnuesten Achtparenn
vnd Weisen Heren Peterenn
Kannegisser, Arnolden vō Siegen, Marxen Beiwech vnd
Wimmern Hack Kirchmeis-
teren Zurzeit vnd Ihrer Liebtt.
nachkommen zum guthē geschriben.
Durch
Wilhelm von Walbeck vnd
angefangen Gott geb her zu
seinen Segen Amenn.

ANNO Dni
1580. angefange

„Das zweite Copeien Buch", 1580 von den Kirchmeistern zur Verwaltung des Kirchenvermögens angelegt: erste Seite, mit Namen des Arnold von Siegen und der übrigen Kirchmeister

Aus heutiger Sicht stellt sich Frage: Was mag den Kölner Bürgermeister bewogen haben, sich in so besonderer Weise für und in St. Johann zu engagieren? Gewiss kommt ein ganzes Bündel an Gründen zusammen: Als Ratsherr und Bürgermeister war es alles andere als ungewöhnlich, sich auch in anderen Bereichen des städtischen – und das heißt in Mittelalter und Früher Neuzeit zugleich: kirchlichen – Gemeinwesens als Kirchmeister zu betätigen. Insbesondere für die reichen Stiftungen, auch zugunsten des Armenwesens von St. Johann, lässt sich wie für das gesamte Stiftungswesen dieser Jahrhunderte als entscheidendes Movens die Sicherung des Totengedenkens für den Stifter und seine Familie ausmachen. Insofern waren die Stiftungen Arnolds von Siegen alles andere als ungewöhnlich. Lediglich die quantitative Dimension fällt aus dem Rahmen, wenngleich an vielen städtischen Pfarrkirchen des Reiches vergleichbare Beobachtungen möglich sind: Der Kölner Bürgermeister und seine Familie waren offenbar bestrebt, in ihrer Pfarrkirche St. Johann mit dem südlichen Seitenschiff ihre eigene Kapelle als Familiengrablege zu errichten, mit eigenem Altar – darauf deutet das Altarbild hin – und einer Gruft. Folgerichtig berichtet Weinsberg, Arnold sei in St. Johann *in sin capel begraben* worden. Selbst die Stiftungen zugunsten der Armen dienten im Letzten dem Zweck des Totengedenkens, heißt es bei Weinsberg doch weiter: *und folgten die armen daselbst siner lichen nach.* Dass sich als ein weiterer Aspekt das auf die Pfarrkirche gerichtete Repräsentationsbedürfnis des Bürgermeisters zu diesem unentwirrbaren Knäuel von Gründen hinzugesellt, dürfte nicht weiter verwundern. Mit den Augen des 16. Jahrhunderts gesehen, war Arnold von Siegen in der Absicherung des Gedenkens äußerst erfolgreich: Noch heute findet sich sein Name – und der Name ist das Substrat eines jeden Gedenkens an eine Person – etwa in allen Kölner Stadtplänen und Telefonbüchern.

War St. Johann eine bedeutende Pfarrei?

Befasst man sich mit der Geschichte der Kölner geistlichen Institutionen und insbesondere mit den 19 Pfarrkirchen in reichsstädtischer Zeit, kommt die Frage auf, wie bedeutend denn eine einzelne Pfarrkirche oder Pfarrei in dem schier unüberschaubaren Geflecht der Kölner Kirchenlandschaft war, die als »Sancta Colonia« beziehungsweise »Heiliges Köln« als eine der dichtesten in Mitteleuropa gilt.

Angesichts eines Arnold von Siegen mag man St. Johann im Gefüge der Kölner Kirchen für eine der bedeutendsten Pfarrkirchen im reichsstädtischen Köln halten. Bei den Kirchmeisternamen des 14. bis 18. Jahrhundert finden sich zwar weitere Namen von Kölner Ratsherren, Bürgermeistern und einflussreichen Kölner Familien, doch im Vergleich etwa zu St. Kolumba, der wohl wichtigsten Kölner Pfarrkirche, relativiert sich der erste Eindruck. Auch mit der Stiftungstätigkeit eines Arnold von Siegen dürfte es sich ähnlich verhalten: Zwar gab es auch andere bürgerliche Stiftungen an St. Johann, doch war der Umfang der Stiftungen Arnolds von Siegen exzeptionell, während sich an Pfarrkirchen wie St. Kolumba, St. Peter, Klein St. Martin und St. Laurenz vergleichbare Familien oder Einzelstifter in je unterschiedlichen Jahrhunderten häufiger finden. Für die Pfarrer von St. Johann Baptist bildete sich im 15. Jahrhundert offenbar die dann keineswegs lückenlos befolgte Tradition heraus, dass die Geistlichen gleichzeitig Professoren der Kölner Universität waren und damit über einen gewissen Bildungsstand verfügten. Andererseits finden sich unter den Pfarrern weder Persönlichkeiten wie Kaspar Ulenberg an St. Kolumba oder Kleriker, die später als Weihbischöfe, Generalvikare, Offiziale oder Domkanoniker eine gewisse Bedeutung erlangt hätten.

Auch von den übrigen Gegebenheiten ausgehend wie der Größe von Pfarrei und Kirche sowie dem Pfarrvermögen, wurde Johann von den meisten Kölner Pfarreien im Bereich der alten Römerstadt übertroffen. Im Vergleich zu den teilweise noch ländlich strukturierten Pfarreien in den Randbereichen der Reichsstadt wie St. Christoph oder St. Mauritius stand St. Johann hingegen sicherlich besser da und war weiter entwickelt, alleine schon wegen des Pfarrerwahlrechts der Bürger.

Zeiten des Umbruchs

Wir wissen nicht, was die Menschen rund um den Kirchturm von St. Johann im Einzelnen gedacht und empfunden haben, als am 6. Oktober 1794 die französischen Revolutionstruppen die Stadt Köln einnahmen. Für die Reichsstadt, für die mehr als 70 Stifte und Klöster, für das alte Erzbistum Köln war damit jedenfalls der Anfang vom Ende eingeläutet – das gesamte linksrheinische Gebiet wurde nach und nach auch staatsrechtlich Frankreich eingegliedert. Im kirchlichen Bereich waren besonders gravierend der Untergang des Erzbistums Köln im linksrheinischen Gebiet 1801 – an dessen Stelle trat bis zur Wiederbegründung des Erzbistums 1821/25 das napoleonische Bistum Aachen – und die Säkularisation, das heißt die Aufhebung der Klöster und Stifte 1802.

Und St. Johann? Die Zeit der französischen Herrschaft brachte für die Pfarrei bei Weitem keinen derartigen Umbruch mit sich wie für die meisten anderen Kölner Kirchen. Selbst hinsichtlich der Nutzung des Kirchengebäudes blieb die Kontinuität gewahrt – anders als bei vielen Kölner Pfarreien, die ihre kleinere Pfarrkirche aufgaben und eine der 1802 säkularisierten Stifts- oder Klosterkirchen übernahmen – wie etwa St. Christoph/St. Gereon. Völlig ohne Auswirkungen blieb diese Zeit aber auch für St. Johann nicht, und wenigstens indirekt war die Pfarrei auch von der Säkularisation betroffen. Da 1802 wie alle Stifte auch das Stift St. Severin aufgehoben wurde, konnte in der Konsequenz auch der Pfarrer von St. Johann keine Kanonikerpfründe an St. Severin mehr innehaben, was in erster Linie ein Problem der Pfarrstellenfinanzierung darstellte. Überhaupt ergaben sich in Folge der französischen Gesetzgebung einige Änderungen, die hier nicht im Detail vorgestellt werden können. So fiel beispielsweise das gesamte, nicht unbeträchtliche Armenvermögen von St. Johann Baptist an die neue kommunale Armenverwaltung, bei der seit 1799 alle sozial-karitativen Institutionen und Stiftungen unter zentraler Verwaltung zusammengefasst wurden. In dieser Maßnahme wird man keineswegs antikirchliche Tendenzen erkennen wollen, denn schon seit dem ausgehenden Mittelalter gab es in städtischen Räten auch außerhalb von Köln Bestrebungen, das Armenwesen der kommunalen Oberaufsicht zu unterwerfen. Auch waren die Pfarrer durchaus in das neu gestaltete Armenwesen mit eingebunden. Zu prinzipiellem Widerstand gegen diese und andere französische Gesetzgebung kam es jedenfalls nicht.

Rund um die Pfarrkirche und in der näheren Umgebung verschwanden mit der Säkularisation von 1802 die verschiedenen Stifte und Klöster: die Deutschordenskommende St. Katharinen, die Karmeliter im Dau, das Kloster Sion zwischen dem heutigen Sionstal und der Seyengasse, die Karmeliter auf der Severinstraße unweit des Waidmarktes und das Stift St. Georg. Bemerkenswert ist das Schicksal der Johannisklause, denn hier verstanden es die Schwestern auf geschickte Weise, die staatlich angeordnete Aufhebung ihres Konventes faktisch zu umgehen: Die insgesamt neun Schwestern kauften kurzerhand das an die staatliche Güterverwaltung gefallene Klostergebäude und regelten 1806 notariell, dass sie sich einander beerben wollten und nach dem Tod der letzten Schwester das Haus an die Pfarrei St. Johann Baptist fallen solle. Als dann fast ein halbes Jahrhundert nach der offiziellen Klosteraufhebung 1851 die letzte Schwester mit 85 Jahren starb, war damit der Grundstein für eine neue klösterliche Niederlassung gelegt.

In anderer Hinsicht kann man St. Johann sogar als Gewinnerin der Säkularisation ansehen. Eine der vielen Folgen der Aufhebung von Stiften und Klöstern war, dass die dort angesiedelten Bruderschaften über Nacht quasi heimatlos wurden und sich entweder auflösten oder nach einer anderen Kirche umsehen mussten, in der die Bruderschaftsgottesdienste abgehalten werden konnten. Eine solche Bruderschaft war die 1603 gegründete Matthiasbruderschaft bei den Karmelitern auf der Severinstraße, die sich 1802 zunächst an der Katharinenkirche ansiedelte, nach deren Niederlegung 1807/08 indessen an St. Johann beheimatete. Damit war neben der bereits erwähnten Marienbruderschaft mit der Matthiasbruderschaft eine weitere solche Vereinigung an St. Johann ansässig, die beide bis 1885 (Matthias-) beziehungsweise 1919 (Marienbruderschaft) Erwähnung finden, wobei erstere wie viele ihres Namens eine jährliche Wallfahrt zum Matthiasgrab nach Trier durchführte.

Durch die Säkularisation war das gesamte kirchliche Gefüge in Bewegung geraten, wozu unter anderem die drei Pfarrumschreibungen für die Stadt Köln gehören, bei denen von 1803 bis 1808 die Pfarrgrenzen neu bestimmt sowie Pfarreien aufgehoben oder neu gegründet wurden. Das Pfarrgebiet von St. Johann erhielt gleich bei der Pfarrumschreibung von 1803 seine neue Gestalt, die es fast das gesamte 19. Jahrhundert beibehalten sollte, bis 1895 in der Kölner Innenstadt die Pfarrgrenzen erneute Veränderungen erfuhren. Im Ergebnis war das Pfarrgebiet leicht verkleinert, wies weniger Häuser auf und hatte

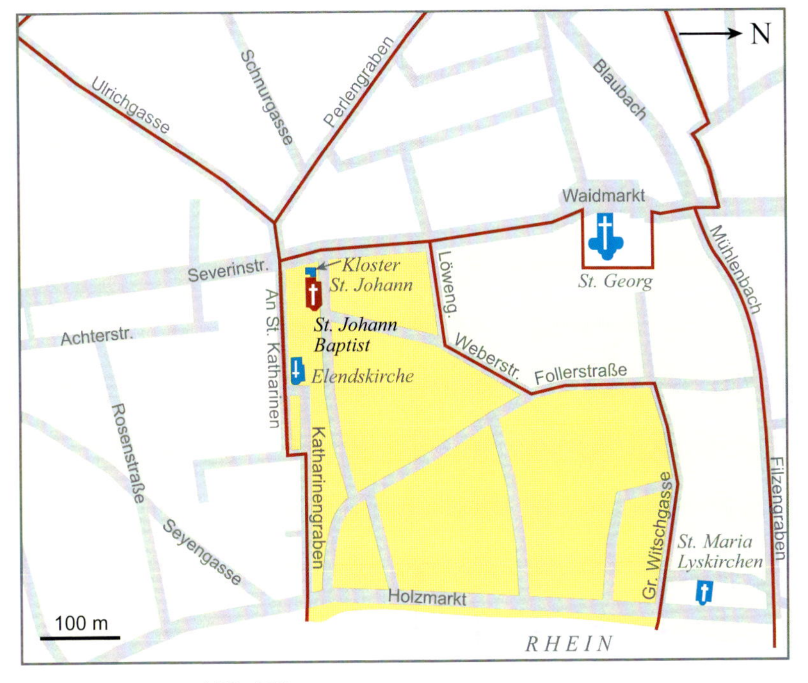

Der Pfarrbezirk von St. Johann Baptist 1803–1895

territorial eine kompaktere Gestalt angenommen; die Gläubigenzahl – genaue Zahlen liegen nicht vor – hatte sich gewiss verringert. Dies alles dürfte aber von Vorteil gewesen sein angesichts der weiteren Stadtentwicklung im 19. Jahrhundert, die eine Verdichtung der Bebauung und damit ein Anschwellen der Bevölkerungszahlen mit sich brachte. So wuchsen in der Kölner Innenstadt die Pfarreien im Einzelfall auf über 20.000 Gläubige an, was erhebliche pastorale Probleme mit sich brachte. Demgegenüber umfasste St. Johann Baptist nie wesentlich mehr als 9.000 Seelen.

In der Gesamtbewertung ging der insbesondere durch die Säkularisation bewirkte Umbruch in der Zeit französischer Herrschaft an St. Johann nicht folgenlos vorüber, doch die Auswirkungen hielten sich sehr in Grenzen. Umso erstaunlicher ist es, dass die Pfarrei selbst Maßnahmen ergriff, die landläufig als typische Säkularisationsfolgen angesehen werden: der Verlust an Kunstwerken, die als qualitativ hochwertige Kirchenausstattung gedient hatten. Es waren keineswegs allein antikirchlich gesinnte Staatskommissare, welche die Kirchenkunst in die staatlichen Depots bringen wollte, sondern Pfarrer und Kirchmeister, die »aus unbegreiflicher Unwissenheit und Dummheit« solche Dinge veräußerten,

Barthel Bruyn d. Ä. und evtl. andere Kölner Maler, Flügelalter aus St. Johann Baptist, um 1540:

Mitteltafel mit Darstellung der Kreuztragung Christi

wie ein Kunstsammler jener Zeit ausführte. An St. Johann Baptist verkauften Pfarrer und Kirchmeister 1813 den Brüdern Boisserée für 324 Franc (zum Vergleich: der Tagesverdienst eines Handwerkers lag bei 1,50 Franc) den von Arnold von Siegen gestifteten Flügelaltar, der in die Sammlung der Brüder wanderte, die bekanntlich den Grundstock der Alten Pinakothek in München bildete. In ähnlicher Weise erhielt die Kirche neue Fenster im Wert von 600 Franc, die mit der Überlassung der alten, wohl mittelalterlichen Fenster bezahlt wurden.

Das lange 19. Jahrhundert

Ähnlich wie in der europäischen Geschichte im Allgemeinen bildete das 19. Jahrhundert in einiger zeitlicher Verschiebung auch für die Pfarrgeschichte von St. Johann einen zusammenfassenden Zeitabschnitt. Er reicht von der skizzierten Umbruchszeit – festzumachen am Datum der Pfarrumschreibung von 1803 – letztlich bis zum Beginn des Zweiten Weltkriegs 1939. Von den Grundstrukturen und den äußeren Gegebenheiten änderte sich in dieser Zeit für Kirche und Gemeinde an der Severinstraße nicht viel, wohl kam es auch hier zu Entwicklungen, wie sie für die Epoche insgesamt prägend und keineswegs spezifisch für eine einzelne Pfarrgemeinde sind.

Anwachsen der Bevölkerung

Zu den wichtigsten Entwicklungen gehören die Änderungen in der Siedlungs- und Bevölkerungsstruktur der Stadt Köln, die massive Auswirkungen auch auf die Pfarrei St. Johann hatte. Die zu Beginn des 19. Jahrhunderts im Pfarrgebiet durchaus noch vorhandenen freien Flächen und Gartenländereien verschwanden nach und nach, was mit der zunehmenden Verstädterung Kölns und dem unter anderem daraus resultierenden Bevölkerungswachstum zusammenhängt. Zählte die Pfarrei 1803 nur 1.900 Gläubige, waren es 1846 schon

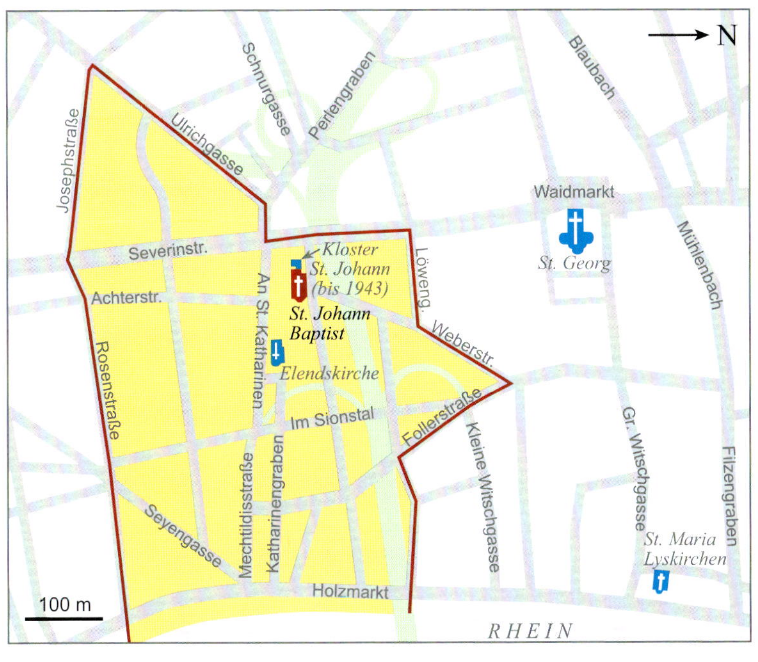

Der Pfarrbezirk von St. Johann Baptist 1895–2000

4.100. Ein gutes Jahrzehnt später stieg deren Zahl auf über 5.000, um sich bis 1901 mehr als zu verdoppeln: 8.936 Katholiken wurden nunmehr gezählt, neben 1.228 Protestanten und 230 Juden. Mit leichten Schwankungen zwischen knapp über 9.000 und etwa 8.500 Pfarrangehörigen blieb diese Zahl im Wesentlichen bis zum Zweiten Weltkrieg konstant.

In dieser rasanten Entwicklungskurve ist lediglich 1895 ein Sprung zu verzeichnen, durch den St. Johann mit einem Schlag rund 3.000 Pfarrangehörige zusätzlich erhielt. Die Ursache hierfür ist die Neuumschreibung aller Kölner Innenstadtpfarreien, deren Notwendigkeit sich ergeben hatte, weil vor der inzwischen niedergelegten Stadtmauer (1881) mit der Kölner Neustadt neue Wohngebiete entstanden, was nicht zuletzt auch die Anpassung der seelsorglichen Strukturen notwendig machte. Insbesondere für die enorm gewachsene Pfarrei St. Severin war eine Entlastung dringend erforderlich, sodass es für das Pfarrgebiet von St. Johann zu einer Verschiebung nach Süden kam, indem das Gebiet zwischen Großer Witschgasse und Weichserhof an St. Maria in Lyskirchen abgegeben und das Gebiet zwischen Katharinengraben/An St. Katharinen und Rosen-/Josefstraße von St. Severin übernommen wurde. Ein sicherlich gewünschter Nebeneffekt war, dass die Pfarrkirche nun weniger am Rande des Pfarrgebietes lag als zuvor.

»Eine der ärmsten Pfarren Kölns«

Der im 19. Jahrhundert eingetretene Wandel kann indessen nicht alleine an den Zahlen abgelesen werden, waren doch die sozialen Umstrukturierungen wenigstens ebenso bedeutend. War St. Johann in reichsstädtischer Zeit vorwiegend von Handwerkern und wenigen Vertretern der städtischen Führungsschicht geprägt gewesen, änderte sich im Zuge der durch Verstädterung und Industrialisierung in Gang gesetzten allgemeinen gesellschaftlichen Umbrüche des 19. Jahrhunderts auch die Sozialstruktur der Bewohner in den Straßen rund um St. Johann. An die Stelle von Handwerkern traten tendenziell Tagelöhner und Fabrikarbeiter – Bevölkerungsschichten, die gemeinhin als Proletariat bezeichnet werden. Damit gingen die üblichen Begleiterscheinungen einher, und so waren Armut, Kinderreichtum und mangelnde hygienische Verhältnisse insbesondere für die Bewohner der Spielmannsgasse geradezu legendär. Als Beispiel mag das Kölner Adressbuch von 1891 dienen: Bei den 266 Haushalten in der Spielmannsgasse werden alleine für 118 die Berufsbezeichnungen »Tagelöhner« oder vergleichbares angegeben, bei 58 handelte es sich um einfache Handwerker, bei 43 Haushalten steht »Witwe o[hne] G[eschäft]«. Wenn 1948 anlässlich der tausendjährigen Ersterwähnung von St. Johann die Pfarrei als »eine der ältesten, aber auch ärmsten Altstadtpfarreien Kölns« charakterisiert wird, dann ist damit die skizzierte soziale Entwicklung innerhalb des Pfarrgebietes treffend zusammengefasst.

Hiervon zu unterscheiden ist die rein wirtschaftliche und finanzielle Stellung der Pfarrei: Noch bis nach dem Zweiten Weltkrieg wurde generell die Kirchensteuer als Ortskirchensteuer auf Ebene der einzelnen Pfarrgemeinden erhoben, wobei manche Kölner Gemeinden

16A Güsgen, o. G. 4
Keil, Frau, o. G. 1
Lux, Schuhm. u
Rick, Tagl. 2
(Schlosserwerkstätte von Odenthal.) u
Odenthal, Tagl. 2
Pick, Frau, o. G. 4
Rick, Tagl. 3
Salgert, Tagl. u
Schildgen, Kontordiener. u
Schmitt, Schreiner. 3
Schmitz, Wwe., o. G. 2
Seifert, Tagl. 1
Thelen, Drechsler. u
Wichterich, Musikinstrumentenmacher. 3
Wirtgen, Wwe., o. G. 2
18 Neubau.

Sporergasse. J 8.

(Anfang: Hohestraße; Ende: am Hof.)

Links.

1. 3 Siehe Hohestraße 164.

Rechts.

2 Siehe Hohestraße 162.
4. 6 E. Brüggen, o. G. 1
Odenthal, Schenkwirth. u
8 Siehe Hohestraße 134.
10 E. der Domkirche.
Hemza, Schneider. 2
Kögel, Cigarrenmacher. 1
12 E. der Domkirche.
Hövemann, Cigarrenhdlg.
Kirchartz, Frl., o. G. 1
Monzhausen, Klempner. 2
Stoffel, Wwe., o. G. 3

Spulmannsgasse.
G 8.

(Anfang: Severinstraße; Ende: Follerstraße.)

Links.

1 E. d. Kirche St. Joh. Bapt.
Juris, Pfarrer.
5. 7 E. Schallenberg, Wwe., Spezereihandlung. u
9 E. Schirner, Eigelstein 108.
Heinz, Zimmermeister. u
Wienen, Schreiner.
11 E. Dembach, Schnurg. 34.
Abraham, Schuhm. h
Dresen, Frau, Obsthdlg. u
Felten, Maurer. u
Jacquemien, Klempner. u
Ortmann, Tagl. 1
13 E Thelen, Ww., Pflückhof 3
Arens, Tagl. 2
Nagelschmidt, Tagl. u
Schmitz, Tagl. 1
15 E. Genger, 17.
Düsterwald, Schreiner. u
Göbel, Schreiner. 3
Klein, Tagl. 2

15 Klendermann, Schuhm. 1
Köllen, Tagl. 3
Köllen, Wwe., o. G. 2
Schieffer, Tagl. 1
17 E. Genger, Wwe., Spezereihandlung. u
Billstein, Schlosser. 3
Fritzem, Schlosser. 2
Hummel, Wwe., o. G. 4
Kaiser, Tagl. 2
Limbach, Maschinist. 3
Löw, Tagl. 1
Müller, Wwe., o. G. 1
Schwartz, Tagl. 4
Stucke, Tagl. 2
19 E. Esser, Eintrachtstr. 35.
Aufstein, Stuckaturer. u
Böcker, Wwe., o. G. 1
Brems, Tagl. 3
Clasen, Tagl. 1
Dietz, Wwe., o. G. 2
Herz, Frau, o. G. 3
Kapitain, Drechsler. h
Kluth, Dienstmann. 1
Offergeld, Tagl. 3
Thelen, Tagl. 2
Wiedemann, Tagl. h
21 E. Schemmer, Hohenzollernring 76.
Feldgen, Schneider. 1
Lichtenberg, Tagl. 1
Ohrem, Tagl. 2
Schlesinger, Kurzwhdlg. u
Schröder, Gelbgießer. 2
23 E. Braun, Rinkenpfuhl 13.
Beyer, Wwe., o. G. h
Erven, Tagl. 2
Fuchs, Tagl. h
Halfen, o. G. u
Müller, Schreiner. 1
Schlösser, Tagl. 2
Schmitz, o. G. u
Schmitz, Wwe., o. G. h
25. 27 E. Schleuer, Machabäerstraße 70.
Bausen, Schreiner. 2
Bungarten, Wwe., o. G. 2
Prehl, Tagl. 1
Quantius, Frau, o. G. 1
Schleuer, Bierwirth. u
Wasen, Tagl. 2
Wasen, Wwe., o. G. 3
29 E. Schumacher, Schreiner.
Goffart, Tagl. 1
Heinen, Schreiner. h
Mittelschnepp, Tagl. 1
Range, Schneider. 2
Stupp, Tagl. u
Ulrich, Tagl. u
Weiß, Steindrucker. 2
Willms, Tagl. 1
31 E. Limbach, Maschinist. u
Boley, Wwe., o. G. 1
Broich, Tagl. 2
Jonas, Wwe., o. G. 1
Schulzendorf, Wwe., o. G.
31A E. Schmid, Weichserhof 14. 16, u. Wirtz in Brühl.

31A Esser, Tagl.
von Röder, Wwe., o. G.
Römer, Frau, o. G.
Ruhrig, Kohlenhandlung.
Sommer, o. G.
33. 35 E. Gerstenbroich, Mauritiussteinweg 5.
Elsen, Tagl. 1
Gerstenbroich, Stuckatur. 1
Harzem, Tagl. 3
Klöster, Tagl. 3
Leichenig, Fuhrmann. u
Merkens, Wwe., o. G. u
Richartz, Frau, o. G. u
Schlömer, Tagl. 3
Werner, Tagl. 4
Wittmaack, Tagl. 3
(im Sionsthal.)
47 E. Welter, Agrippastr. 101 u. Rodenkirchen, Magnusstraße 14.
Broch, Wwe., o. G. 4
Merscheidt, Dienstmann. u
Odenthal, Wwe., o. G. 3
Richartz, Tagl. 3
Spies, Tagl. 2
Weber, Tagl. 1
49 E. Froitzheim, Bobstr. 23.
Schmitz, Spezereihandlg.
51 E. Wittmaack, Tagl.
Siebertz, Dienstmann.
Thomassen, Erdarbtr.
53. 55 E. Krämer, Viersen.
53 Heiliger, Schreiner.
Miller, Frau, o. G.
Mondinalli, J. u. P., Tagl.
55 Dries, Tagl. u
Klein, Frau, o. G. 3
Limbach, Tagl. 2
Meier, Frau, o. G. 1
Roland, Wwe., o. G. 2
Thelen, Tagl. u
Tillmann, Tagl. 1
57 E. Wolterhoff, Sandform.
Izquierdo, Versich.-Btr. 2
Küpper, Tagl. 1
Pohl, Tagl. 3
59 E. Becker & Böhm, Aachenerstraße 87.
Geller, Schlosser. 1
Königs, Wwe., o. G. 2
Rapp, Tagl. 3
Schorn, Frau, o. G. u
Zimmer, Tagl. 2
61 E. Kuhl, Viktualienhandlung. u
Bauer, Tagl. 3
Frings, Wwe., o. G. 1
Moll, Wwe., Näherin. 2
Schlösser, o. G. 2
63 E. Dünnwald, Silberarbt.
Forst, Tagl. 3
Hermanns, Tagl. 2
Hittorf, Wwe., o. G. 2
Müller, Cigarrenmacher 1
Schlosser, Tagl. 3

Rechts.

2 Kirche St. Johann Baptist.
4—8 E. d. Kirche St. Johann Baptist.
4 Kamp, Wwe., o. G.
6. 8 (Städt. Kindergarten.)
Gräff, Kindergärtnerin. u
Küsener, Ww., Haushält.
Schmidt, Sophie, o. G. u
10. 12 E. Köllen, Rosenstr. 16.
10 Hackenbroich, Lumpenh.
Hackenbroich, Tagl.
12 Braun, Klempner. h
Bürgel, Tagl. h
Faß, Kellner. u
14 E. Rader, Schreiner, u. Schallenberg, Schreiner
Depenheuer, Tagl. 3
Mauel, Schreiner. 2
16 Unbewohnt.
18 E. Beu, Kommis.
20 E. Götzen, Gebr. Schreiner.
Birkenbusch, Tagl. h
Coßmann, Anstreicher. h
Danz, Tagl. h
Eichen, Tagl. h
Hündgen, Tagl. h
Kinting, o. G. h
Mörs, Wwe., o. G. h
Pick, Rangierer. h
Pütz, Tagl.
Uhlhaas, Tagl. h
22 E. Oster, o. G. u
Büttgen, Tagl. h
Görres, Tapezierer. h
Griesbach, Maschinist. 1
Hunsänger, Pferdebahnschaffner.
Müller, Scheerenschleifer.
Wirsig, Montierer. h
Wißdorf, Tagl. h
24 E. Erben Deckstein.
Huppertz, Frau, o. G. 1
Pliester, Tagl. u
26 E. Scheidt, Kammmacher. u
Breuer, Kammmacher. h
Ems, Tagl. 1
Reuter, Tagl. 1
Römlinghoven, Faßbind.
28 E. Erzbischöflicher Stuhl, Eintrachtstr. 168. 170.
Esser, Wwe., o. G. 1
Löw, Frau, o. G. 2
Theisen, Wwe., o. G. u
Werker, Wwe., o. G. 1
30 E. Berntgen, Venloerst. 27.
Hittorf, o. G. u
Malling, Wwe., o. G. 1
Reichel, Schuhm. 2
32 E. Gielen Karthäuserh. 13.
Fritzen, Wwe., o. G. 1
Palm, Tagl. u
Schlösser, Tagl. u
Vogt, Tagl. 1
Weber, Tagl. 1
Wille, Wwe., o. G. 2
34 E. Wieland, Severinstr. 95
Böhmer, Schenkwirth. u
Klein, o. G. 1
Klein, Tagl. 1
36 E. Osländer in Eschweiler.

36 Brodesser, Tagl. 2
Daubenthal, Tagl. h
Dörfner, Tagl. 1
Epstein, Wwe., o. G. u
Färber, Wwe., o. G. h
Filz, Tagl. 2
Kehlenbach, Tagl. 1
38 E. Schade, Weichserh. 13A.
Eickhoff, Tagl. 1
Groß, Schreiner. 2
Klein, Tagl. 1
Rosewe, Tagl. 2
Schall, Verputzer. 2
40 E. Ringens, Steinstr. 42.
Effelsberg, Tagl. 1
Faßbinder, Tagl. 1
Lambertz, Tagl. u
Spies, Wwe., o. G. 2
42 E. Knoop, Hunnenrücken 7
Hahn, Wwe., o. G. 1
Müller, Wwe., o. G. u
Pelzer, Tagl. 3
Steinhausen, Wwe., o. G. 1
44 E. Hüser, Spezereihdlg.
Alt, Packetträger. 3
Becker, Maurer. 1
Krill, Anstreicher. 3
Merscheid, Tagl. 2
Schwandronn, Wwe., o. G.
Weidenfeld, Wwe., o. G. 1
46 E Schlehecker, Viktualienh.
Bourens, Tagl. 2
Burger, Schuhm. u
Gasten, Händler. 3
Hambach, Tagl. 1
Klein, Tagl. 2
Ortmann, Wwe., o. G. 2
Pannenbecker, Schreiner. 3
Schwier, Tagl. 3
Wernli, Kohlenhändler.
48 E. Freischem, Kartoffelh.
(im Sionsthal.)
62 E. Schippers, Werderstr. 7.
Baldauf, Tagl. 1
Deutsch, Frau, o. G. 3
Hittorf, Tagl. 2
Mohr, Stuckaturer. 3
Mundigo, o. G. u
Pallenberg, Frau, o. G. 1
Rolauf, Schreiner. 2
64 E. Pauli, Wwe., Möbelfbr. (Samariter-Station 7.)
66 E. Braschoß, Wittwe, Spezereihandlung. u
Fresser, Tagl. 1
Gülich, Tagl. 1
68—72 E. Pauli, 64.
68. 70 Efferoth, Wwe., Tagl. 3
Heintz, Schuhm. 1
Herz, Hafenarbtr.
Kaspers, Rheinarbtr. 3
Meyer, Pelzgerber. u
Meyer, Tagl. 3
Schumacher, Schlosser. 2
Stemmler, Schlosser. 1
72 Broich, Tagl. 3
Denz, Tagl. 3
Fackenthal, Taglöhnerin.
Kerb, Tagl. 2

Ausschnitt aus dem Straßenverzeichnis des Kölner Adreßbuchs 1891: Bewohner der Spielmannsgasse

in den Jahren um 1900 noch auf eine Kirchensteuererhebung verzichten konnten. Auch St. Johann gehörte 1902/03 zu den neun Kölner Pfarrgemeinden der Alt- und Neustadt, wo dies der Fall war, während die zwölf anderen Pfarreien bereits entsprechende Erhebungen vornahmen. Dies verdeutlicht die insgesamt wohl gesunde wirtschaftliche Situation der Kirchengemeinde St. Johann. Aus Sicht der Seelsorge brachte hingegen die Sozialstruktur des Pfarrgebietes einige Herausforderungen mit sich. So charakterisierte Pfarrer Caspers (1926–1937) bei seinem Amtsantritt die Gemeinde: »Großstadtseelsorge, voll von Problemen und Schwierigkeiten! St. Johann Baptist, ein Boden, wie er leicht nicht steiniger sein könnte. Die Arbeiterschaft, die einen Großteil der Bevölkerung ausmacht, [ist] noch sehr verhetzt.« Von den bis zu zwei seit dem Mittelalter erwähnten Kaplänen war nach den Umbrüchen der Säkularisationszeit lediglich noch einer übrig geblieben, doch konnte aufgrund einer Stiftung 1857 eine zweite Kaplansstelle eingerichtet werden. Bis zum Zweiten Weltkrieg unterstützen daher jeweils zwei Kapläne den Pfarrer in seinen seelsorglichen Bemühungen.

Kloster und Schule

Insbesondere auf dem Gebiet der Caritas als einem wichtigen Teil des kirchlichen Lebens waren ferner die Armen-Schwestern vom Hl. Franziskus tätig, auch als Aachener Franziskanerinnen bezeichnet. Diese Schwestern setzten die Tradition der Johannisklause fort, deren Gebäude ja nach dem Tod der letzten Schwester 1851 an die Pfarrgemeinde gefallen waren. Letztlich handelte es sich um eine Initiative von Kölner Pfarrern, die mit den Aachener Schwestern, näherhin mit der Ordensgründerin Franziska Schervier (1819–1876) in Verbindung traten, mit dem Ziel, den noch jungen Orden zu entsprechenden Niederlassungen für die ambulante Krankenpflege in der Stadt zu bewegen. Diese Bemühungen machen deutlich, dass man kirchlicherseits bereits Mitte des 19. Jahrhunderts durchaus die gravierenden Folgen der gesellschaftlichen Umstrukturierung sowie die Bedeutung und Sprengkraft der sogenannten »Sozialen Frage« erkannt hatte – wenn auch nicht deren gesamte Dimension. Entsprechend skizziert die Erzbischöfliche Genehmigung für die Niederlassung an St. Johann Baptist (1852) die Gesamtlage wie folgt: »Es kann nicht verkannt werden, welchen großen Segen ein solches Unternehmen der unglücklichen Klasse hiesiger Einwohner, deren Armuth unter dem Drucke der letzten Jahre eine so bedeutende Höhe erreicht hat, zu bringen vermag. ... Eine solche Einrichtung [zählt] zu der größten Wohltat ..., die der in starker Progression steigenden armen Bevölkerung hiesiger Stadt zu Theil werden kann.« Noch im gleichen Jahr konnten fünf Schwestern und zwei Postulantinnen das alte Klostergebäude an der Severinstraße beziehen und ihre Tätigkeit für den Bezirk von St. Johann und die umliegenden Pfarreien der südlichen Stadthälfte aufnehmen. Daneben entstand eine ähnliche Einrichtung für Pfarreien in der nördlichen Stadthälfte. Solchen für das 19. Jahrhundert typischen klösterlichen Niederlassungen eines in der Krankenpflege tätigen Ordens sollten nicht nur in der Stadt Köln viele weitere folgen. Das Kloster St. Johann ist jedoch eines der frühesten dieses Typs in Köln. Die Tätigkeit der Aachener

Vereinsschule.

N. d. Kinder.	Geburt	N. d. V.	Gewerbe	Eintritt	Wohnung	Pfarre.
Pütz Elise	22.1.62	Heinrich	Tagelöhner	1.10.73	Spielmsg. 70	St. Johann
Schönfeld Ag.	22.2.60	Pet. Jos. Gies	"	4.4.72.	Holzg. 23	" "
Gombert Cth.	14.4.63	Peter	"	10.4.74.	Holzm. 33	" "
Ahrweiler Cth.	3.5.64.	Peter	"	10.4.74	Waisenhg. 30	St. Pantaleon
Hündgen An.	1.4.63	Johann	Schreiner	17.4.73	kl. Griechenm. 65	" "
Kremp Clara	12.8.59	Jacob	Schuster	9.10.71	Spielmsg. 11	St. Johann
Stek Barbara	16.5.63	Gerhard	Tagel.	17.4.73	Weberstr. 46	" "
Antweiler Gert.	17.5.61	Peter	Tapezierer	13.4.71	[illegible] 3	" "
Dresser Ag.	12.1.60	Friedr.	Tagel.	5.10.68	Paulstr. 5	St. Pantal.
Hack Cth.	29.1.62	Peter	Wittwe	4.4.72	kl. Griechenm. 77	" "
Angenent Chr.	2.12.60	Gerhard	Tagel.	13.4.71	Spielmsg. 44	St. Johann
Brentgen Mrg.	13.3.63	Johann	Schuster	9.4.74	gr. Griechenm. 74	St. Peter
Ahrweiler G.	10.10.61	Peter	Tagel.	1.4.69	Waisenhg. 30	St. Pant.
Reuter Gert.	31.3.62	Franz	Schuster	4.4.72	gr. Griechenm. 110	" "
Beursken Sib.	28.6.59	Bruchmann	Wittwe	1.4.69	Mühlenbach 51	St. Marien
Birkenbusch S.	3.1.61	Peter	Schreiner	13.4.71	Spielmsg. 19	St. Johann
Dresser Cth.	29.12.61	Friedr.	Tagel.	4.4.72	Paulstr. 5	St. Pant.
Hilgers Sus.	10.1.64	Hubert	"	9.4.74	Holzm. 31	St. Johann
Rossbach Cth.	24.2.62	Peter	"	17.4.73	[illegible] 9	" "
Himmel Theod	9.11.59	Hubert	"	4.10.69	gr. Griechenm. 95	St. Pant.

Schülerliste der „Vereinsschule" von St. Johann Baptist, um 1874

Schwestern war so erfolgreich, dass die alten Klostergebäude bereits 1869 bis 1871 erweitert werden mussten. 1887 richteten die Schwestern in den Gebäuden zusätzlich ein Arbeiterinnenhospiz ein, das sich später zu einem Mädchen- und Altenheim weiterentwickelte.

Besondere Aktivitäten entwickelte die Pfarrei schließlich auch im Schulbereich: 1842 bildete sich unter Leitung des Pfarrers von St. Johann ein Verein von Frauen aus wohlhabenderen Familien, der eine eigene, sogenannte Vereinsschule gründete. Dort sollten Mädchen aus ärmeren Schichten jeweils vom 10. bis 15. Lebensjahr eine elementare Schulbildung erhalten und in Handarbeiten unterrichtet werden. Die erhaltenen Schülerlisten zeigen, dass bis zur Auflösung dieser Schule 1876 wegen Neuorganisation des gesamten städtischen Schulwesens jeweils mehr als 40 Mädchen in den beiden Unterrichtsräumen in der Weberstraße Unterricht erhielten. Ihre Väter gingen nur zum geringeren Teil einem Handwerk nach; überwiegend waren sie entweder bereits verstorben oder einfache Tagelöhner.

Grossstadtseelsorge

Sicherlich hätten schon die Zeitgenossen die Bemühungen im caritativen und schulischen Bereich als Seelsorge im weiteren Sinne verstanden, wie sich überhaupt das Verständnis von Seelsorge im 19. Jahrhundert beträchtlich ausgeweitet hatte. So waren neben Sakramentenspendung und Gottesdiensten verstärkt die Durchführung von Exerzitien und (Volks)missionen getreten, insbesondere aber das kirchliche Vereinswesen. Bis zum Ende der Weimarer Republik entwickelte sich ein dichtes Netz unterschiedlicher Vereine, welches in erheblichem Maße zur Bildung des sogenannten »katholischen Milieus« beitrug und insbesondere seit dem ausgehenden 19. Jahrhundert sehr wesentlich auch das Bild einer Pfarrgemeinde prägte. Für St. Johann ist infolge der Kriegsverluste des Pfarrarchivs die Überlieferungslage für diese Zeit bedauerlicherweise recht dünn, sodass es nicht recht gelingt, ein Bild des Vereinswesens zu zeichnen. Es entsteht aber der Eindruck, dass es in St. Johann bis in die 1920er-Jahre nicht sonderlich gut um das Vereinswesen bestellt war. Entsprechend beklagte denn auch Pfarrer Caspers bei seinem Amtsantritt 1926, dass an Vereinen neben den (im caritativen Bereich tätigen) Vinzenz- sowie Elisabethvereinen lediglich »Reste eines Jünglingsvereins« vorhanden seien. In der gleichen Zeit existierten beispielsweise in der – wenn auch doppelt so großen – Pfarrei St. Agnes mehr als 15 kirchliche Vereine.

Pfarrer Hubert Caspers

Gleichwohl scheint es noch in der Weimarer Zeit zu einem wenn auch bescheidenden Aufschwung des Pfarrlebens gekommen zu sein, wurden doch Jungmänner-, Männer- und Müttervereine sowie eine Jungfrauenkongregation gegründet. 1933 zählte der Mütterverein immerhin 400 Mitglieder. Noch 1938 kam es ferner zur Ernennung eines dritten Kaplans, sodass nunmehr vier Geistliche an St. Johann tätig waren. Bereits 1929 konnte auch ein eigenes Jugendheim eingeweiht werden, bei dem es sich um einen Teil des alten Pfarrhauses in der Spielmannsgasse handelte. Das Jugendheim wies einen Saal für bis zu 200 Personen sowie zehn einzelne Räume auf und sollte so den »neuzeitlichen Aufgaben einer Großstadtpfarrei« dienen.

Antoninafest 1940, mit u. a. Kardinal Schulte und Antoninaschrein

Blick in die Kirche nach den ersten Zerstörungen des Zweiten Weltkriegs, um 1943

Das langsame Sterben von St. Johann Baptist

Während des Zweiten Weltkriegs sollte sich ein letztes Mal noch am 21. Januar 1940 die Pfarrgemeinde zusammenfinden, um in aller Pracht ein kirchliches Fest zu begehen, bevor die Welt ringsum und auch das alte St. Johann in Trümmer sank: Es war das feierlich begangene Antoninafest, zugleich Schlussfeier des an diesem Tage veranstalteten Ewigen Gebets sowie auch Feier einer abgeschlossenen Gesamtinstandsetzung der Kirche (vgl. den Beitrag von Dominik Meiering). Nicht allein diese Kumulierung von Anlässen lässt diesen Festtag in der Rückschau als Höhe- und Wendepunkt der Pfarrgeschichte erscheinen, sondern auch die Tatsache, dass der Kölner Erzbischof, Kardinal Karl Joseph Schulte (1920–1941) Hauptzelebrant war, der kaum ein Jahr später selbst bei einem Luftangriff auf Köln einem Herzversagen erlag.

Zu dieser Zeit waren wie überall im nationalsozialistischen Deutschland die Einschränkungen des kirchlichen Lebens deutlich zu spüren. So klagte Pfarrer Hubert Caspers 1937, dass ein Auftreten der Jugendvereine in der Öffentlichkeit kaum noch möglich sei, wie überhaupt jede Außentätigkeit der Vereine zum Erliegen gekommen sei. Mit dem Kriegsausbruch 1939 wurde auch die religiöse Betreuung der Kinder schwieriger, sodass nach den Angaben des neuen Pfarrers Walter Kasper (1937–1950) nur noch 60 Prozent der Kinder am Religionsunterricht teilnahmen. In dieser Situation, in der selbst das gottesdienstliche Leben unter ständiger Beobachtung der Nationalsozialisten stand, darf es als äußerst mutig bezeichnet werden, was der damalige Kaplan Paul Hanisch in einem »Sprechchor« formulierte, der bei besagtem Antoninafest 1940 rezitiert wurde. Auch wenn die Formulierungen heute belanglos wirken – die Zeitgenossen dürften sehr genau verstanden haben, was da in St. Johann Baptist vorgetragen wurde und diametral dem Alleinanspruch von Partei und Staat gegenüberstand: »In einer Zeit, die schicksalsschwer uns allen auf der Seele lastet, da Altes wankt und Neues kühn sich hebt ... In einer Zeit, die auch den reinen Gottesglauben ... in Frage und in Zweifel hat hineingezogen, die ohne Angst und Furcht vorübergeht an Gott und Christus, an Gebot und Kirche ... Zu dieser Kirche stehen wir in Treue Mann für Mann. Zu dieser Kirche halten wir, auch wenn die Welt das nicht versteht, wenn sie mit beißend Spott und Hohn den Glauben und die Treu' verlacht.«

Die katastrophalen Umstände der folgenden Kriegsjahre sind in der Pfarrchronik ganz unter dem Eindruck des Erlebten von Kasper beschrieben. So berichtet er über einen der wohl schwersten Angriffe auf Köln: »Am Dienstag, dem 29. Juni [1943], um Mitternacht, mit Beginn des Festes Peter und Paul, brach die Katastrophe herein, welche die Altstadt Köln und auch unsere Gemeinde und Kirche vernichten sollte. Die eigentliche Altstadt Köln ging in Flammen auf. Es war der größte Brand der Weltgeschichte ... Ununterbrochen wütete das Feuer in einer riesigen Ausdehnung bis in die Mittagsstunden. Die Schrecken dieser Nacht können nicht wiedergegeben werden. Die Finsternis, die über Köln lagerte, wich erst gegen Mittag. Vernichtet wurden die der Gemeinde gehörigen Häuser: das

Pfarrhaus mit dem Pfarrheim in der Spulmannsgasse, die Küsterwohnung, der Kinderhort in der Spulmannsgasse sowie das ganze Kloster St. Johann. Die fünf Dächer der Kirche brannten vollständig ab. Der Turm der Kirche wurde mit der Vorhalle und der darüber liegenden Wohnung des Pfarrsekretärs durch eine gewaltige Bombe (Zeitzünder), die in der Vorhalle niedergegangen war und im Boden des Kellers unter der Vorhalle stak, von unten her in die Luft gesprengt. Der übrige Teil der Kirche wurde aufs schwerste beschädigt.« Zum 2. März 1945 schreibt Kasper: »[Es] erfolgte dann der letzte und schwerste Bombenangriff des ganzen Krieges. Er war gleichzeitig für die Stadt Köln das Ende des Krieges, im wahrsten Sinne des Wortes ein Ende mit Schrecken. Die Altstadt wurde in ihrem Kern von den Bomben fast umgepflügt. Auch unsere Pfarre wurde durch diesen Angriff aufs neue beinahe vernichtet. So wurde z. B. die gesamte Weberstr., deren Häuser zum größten Teil noch gestanden hatten, umgelegt. ... [Unsere Notkirche] in der Weberstraße ... wurde dem Erdboden gleich gemacht. Vier Schwestern ... und die Ukrainermädchen bleiben tot. Das Allerheiligste wurde durch den Küster ... aus der brennenden Kapelle gerettet. Die Kirche St. Johann wurde, soweit sie noch stand, ebenfalls vernichtet. Es blieben nur wenige Mauerreste sowie ein Teil des Mittelschiffs mit einem Gewölbejoch übrig. ... Nach diesem Angriff konnte die Kirche nichts mehr, rein gar nichts mehr ihr eigen nennen. Der Pfarrer, der mit der Pfarrschwester und einigen Kindern, 4 Russen und einigen anderen Leuten im ... Luftschutzkeller in der Weberstraße, als hinter ihm schon die Bomben fielen, Zuflucht gefunden hatte, blieb wie durch ein Wunder am Leben, da der Keller 4 Mal von Bomben getroffen und der Eingang verschüttet wurde. Die meisten der noch stehenden Gebäude stürzten ein. Es war ein Jammer und ein Unglück ohnegleichen. Niemand, der diesen fürchterlichen Angriff erlebte, wird ihn je vergessen.«

Angesichts dieser Schilderungen mag es erstaunen, dass die Pfarrangehörigen mit durchaus ungebrochener Tatkraft und Optimismus darangingen, die Kriegsfolgen zu bewältigen. So bildete die männliche Pfarrjugend eine Wachmannschaft, die bei jedem größeren Fliegeralarm im Pfarrhaus zusammenkam, um nach einem Angriff von Kirche und umliegenden Gebäuden zu retten, was zu retten war: Aktivitäten, die durchaus lebensgefährlich werden konnten. Bereits am 11. Juni 1944 wurde im teilweise noch erhaltenen Mittelschiff der Pfarrkirche eine Notkirche eingerichtet, was Pfarrer Kasper zum Anlass nahm, in der Pfarrchronik zu berichten: »Das Pfarrleben blühte in gewissem Sinne wieder auf« – dabei stand das schlimme Ende der Kirche noch bevor. Eine zweite Notkirche wurde am 11. Januar 1945 in der Unterkunft der NSDAP-Ortsgruppe in der Follerstraße – es handelte sich um ein beschlagnahmtes Klostergebäude – eingerichtet, wo aber gleich nach Ende der ersten Messe bei einem Fliegerangriff ein Teil der Decke einstürzte. Immerhin erhielt die leidgeprüfte Pfarrgemeinde in den Jahren 1943 und 1944 viermal Besuch vom neuen Kölner Erzbischof Josef Frings (1942–1969).

„Unsere Pfarrgemeinde bei der Schuttaufräumung", nach 1945

Neues Leben in den Ruinen?

»Am Dienstag, den 6. März [1945], rückten morgens die Amerikaner in Köln ein. ... Damit war das tatsächliche Ende des Krieges für Köln gekommen«, heißt es in der Pfarrchronik. Die für die Pfarrgemeinde ernüchternde Bilanz: So gut wie alle Häuser auf dem Pfarrgebiet waren zerstört, auch die Kirche und alle übrigen kirchlichen Gebäude lagen in Ruinen; in den Trümmern hausten noch gerade 250 Personen, und von den vier Geistlichen war alleine noch Pfarrer Kasper übrig geblieben. Der Küster befand sich in amerikanischer Gefangenschaft; der frühere Rendant war bei dem Angriff am 29. Juni 1943 zu Tode gekommen, und sein Nachfolger musste mangels einer Wohnung Köln verlassen. Von der Ersterwähnung der Kirche 948 bis zum Ende des Zweiten Weltkriegs war fast ein Jahrtausend vergangen, an dessen Ende St. Johann am tiefsten Punkt seiner Geschichte stand. Doch die eigentlich naheliegende Frage, ob die Fortexistenz von Kirche und Pfarrei überhaupt noch sinnvoll sei, stellte 1945 niemand. Aus der Rückschau mag das überraschen, doch entsprach es der damaligen Situation in allen Teilen der Gesellschaft, dass man den Nationalsozialismus und die Folgen des Krieges möglichst schnell vergessen und sich an den Wiederaufbau machen wollte.

Lediglich einmal klingt gleich im März 1945 die Überlegung an, die Kirche nicht wieder aufzubauen und statt dessen die weniger in Mitleidenschaft genommene Elendskirche auch für den Pfarrgottesdienst herzurichten. Wegen dieses Vorhabens kam es jedoch zu einigen Spannungen zwischen dem Generalvikariat und den beiden beteiligten Geistlichen am Ort, Pfarrer Kaspers und dem Rektor der Elendskirche. Da man in der »unerquicklichen Angelegenheit« (Kaspers) nicht zu einer Lösung kam, richtete die Pfarrgemeinde bereits im März 1945 wieder eine Notkirche zunächst in einer vollkommen zerstörten Wohnung eines Hauses im Katharinenhof, dann in dem Eckhaus Severinstraße/Perlengraben ein. Bei letzterer handelte es sich um den siebten Gottesdienstort der Pfarrei seit 1943. In den folgenden beiden Jahrzehnten erfolgte schließlich der Wiederaufbau der Pfarrkirche (vgl. dazu den Beitrag von Dominik Meiering) und die bauliche Gestaltung der Umgebung als »kölscher Vatikan« (vgl. dazu den Beitrag von Birgit Gerdes).

„Bereitet den Weg des Herrn."

Herzliche Einladung

zur Feier der Einweihung unserer wiederaufgebauten Kirche

St. Johann Baptist

verbunden mit dem

Jubiläum des tausendjährigen Bestehens unserer Pfarre

Samstag, 13. November nachmittags 5 Uhr feierliche Einsegnung des neuen Gotteshauses, Übertragung des Allerheiligsten aus unserer bisherigen Notkirche, Predigt und sakramentaler Segen.

Sonntag, 14. November morgens 9 Uhr Pontifikalmesse des hochwürdigsten Herrn Kardinals und Erzbischofs Dr. Josef Frings (Gemeinschaftsmesse vom Kirchweihfest) mit Festpredigt Seiner Eminenz. (Bitte Diözesangebetbuch oder Schott mitbringen.)

Nach der hl. Messe geleiten wir unseren Oberhirten in Prozession zum Pfarrhaus An St. Katharinen 10

Mit frohem Gruß im Namen der Pfarrgemeinde

Köln, 1. November 1948

Pastor Kasper

Einladung zur zur Feier der wiederaufgebauten Kirche St. Johann Baptist und dem tausendjährigen Jubiläum, 1948

St. Johann unter »Brückendruck«

Wie entwickelten sich die Pfarrgemeinde und das Pfarrleben? Schon bald wuchs die Zahl der Gläubigen wieder auf etwa 2.000 an (Stand 1949), bis 1971 der Höchststand mit 2.709 Katholiken erreicht wurde. Bereits 1948 beging die Gemeinde am 13./14. November feierlich zugleich die Einweihung der inzwischen in den Ruinen der Pfarrkirche errichteten Notkirche und das »Jubiläum des tausendjährigen Bestehens unserer Pfarre« (genau genommen hätte es heißen müssen: »... unserer Kirche«). Ein Jahr später wurde ein Subsidiar für St. Johann abgestellt, der sich als Kaplan bezeichnete und seinen Dienst

Prozession zur Einweihung der Notkirche, 14. November 1948

wohl auch so verstanden haben dürfte. 1950 kam es zur Einrichtung eines Jugendheims in der Spielmannsgasse und 1963 sogar zur Gründung eines Kindergartens. Das Kloster der Armen-Schwestern an der Severinstraße wurde nach dem Krieg nicht wiederaufgebaut, doch versah noch bis 1991 eine Schwester des Ordens ihre Dienste als Pfarrschwester. Gleichwohl griff man auch die Tradition einer Ordensniederlassung im Pfarrbezirk wieder auf: 1963 ließen sich Schönstatt-Schwestern im alten Küsterhaus der Elendskirche und den daran anschließenden Neubauten nieder, wo sie eine Schönstattkapelle errichteten und Personal für Kindergarten und Pfarrbüro stellten. Bereits Ende 1958 stellte Pfarrer Karl Friedhoff mit einer gewissen Befriedigung fest: »Es ist erstaunlich, daß unsere Pfarre nach den schweren Wunden, die ihr geschlagen: Krieg, Fliegerschäden, Brückenbau, Evaquirung (!) ganzer Wohnbezirke – sich so behaupten konnte«.

Pfarrer Karl Friedhoff

Feierlichkeiten zur Einweihung der Notkirche, November 1948

Diese Fakten können aber ebenso wenig wie die Einschätzung Friedhoffs darüber hinwegtäuschen, dass die Entwicklung der Nachkriegsjahrzehnte insgesamt ungünstig für St. Johann verlief, was letzten Endes zur Aufhebung der Pfarrgemeinde führte. Der von Friedhoff erwähnte »Brückenbau« ist in diesem Zusammenhang von großer Bedeutung: Auf einem Kölner Stadtplan von 1956 ist zu erkennen, dass sich gut ein Jahrzehnt nach Kriegsende wie in der übrigen Stadt die Bebauung auch im Pfarrgebiet allmählich wieder verdichtete, gleichwohl aber noch ganze Straßenzüge unbebaut waren. Dies hing mit den auf die frühen 1950er-Jahre zurückgehenden Planungen zusammen, im Rahmen des gesamtstädtischen Wiederaufbaus im Bereich um St. Johann eine zusätzliche Rheinbrücke nach Deutz zu errichten. So hieß es 1953 in der Tagespresse: »Das Viertel um St. Johann gehört zu den Altstadtbezirken, die unter ›Brückendruck‹ leiden. Weil die Entscheidung über die Streckenführung der noch zu errichtenden Brücke ... aussteht, haben viele Bauwillige ... ihre Pläne zurückstellen müssen. Oft wird die Befürchtung ausgesprochen, daß ein Stück Altstadt Köln zerstört werden könnte, das wert ist, in die Zukunft geführt zu werden.«

1955 lagen die genauen Fluchtlinien der Brücke fest, und 1959 schließlich wurde die neue Verbindung zum Rechtsrheinischen als »Severinsbrücke« eingeweiht. Die geäußerten

Gedenkstein in der Spielmannsgasse, 1955

Befürchtungen sollten sich bewahrheiten, denn der neue Verkehrsweg durchteilte nicht nur das alte Pfarrgebiet von St. Johann Baptist, sondern die Brückentrasse nahm zusammen mit den Zu- und Abfahrten einen erheblichen Teil des Pfarrgebietes ein, der folglich für Wohnbebauung nicht mehr zur Verfügung stand. Aus heutiger Sicht mag die damalige Stadtplanung unverständlich erscheinen, die mitten im Stadtgebiet großflächige Einöden schuf, die fast ausschließlich dem Autoverkehr überlassen sind, was besonders deutlich in dem Gebiet sichtbar wird, wo sich die Zufahrt zur Severinsbrücke und die Nord-Süd-Fahrt (Tel-Aviv-Straße) kreuzen. Es handelte sich damals indessen um bewusste, am Gestaltungswillen der Nachkriegs- und Wiederaufbauzeit ausgerichtete Entscheidungen, die durchaus von einem gesellschaftlichen Konsens getragen wurden.

Für St. Johann konnten unmittelbare Folgen hinsichtlich der Zahlen von Pfarrangehörigen nicht ausbleiben. Hinzu traten, wie überall insbesondere in innerstädtischen Pfarrgemeinden, weitere Entwicklungen wie ein einsetzender demografischer Wandel, Änderungen der Bevölkerungs- und der Wohnstruktur sowie die allmähliche Auflösung des katholischen Milieus. Dies alles führte seit den 1970er-Jahren zu stetig sinkenden Katholikenzahlen der Pfarrei. Schon um 1980 war die Zweitausendergrenze unterschritten, und zum Zeitpunkt der Aufhebung zählte St. Johann Baptist nur noch 1.296 Gläubige. Mehr als diese nackten Zahlen vermag den gravierenden Wandel das Schicksal eines Straßenzugs zu verdeutlichen: Bis zum Zweiten Weltkrieg änderte sich die anhand des »Kölner Adreßbuchs« von 1891 skizzierte Situation in der Spielmannsgasse nur unwesentlich. So schildert denn auch noch 1952 ein Pressebericht: »In [St. Johann] gab es soziale Gegensätze, wohnten arm und reich in enger Nachbarschaft. Jedoch den Menschen gemein war das echt kölsche Herz. Und allen voran stand die Spulmannsgasse mit ihrer biederen Deftigkeit. Die Pfarrfeste verliefen mit der Harmonie einer großen Familie.« Selbst wenn man

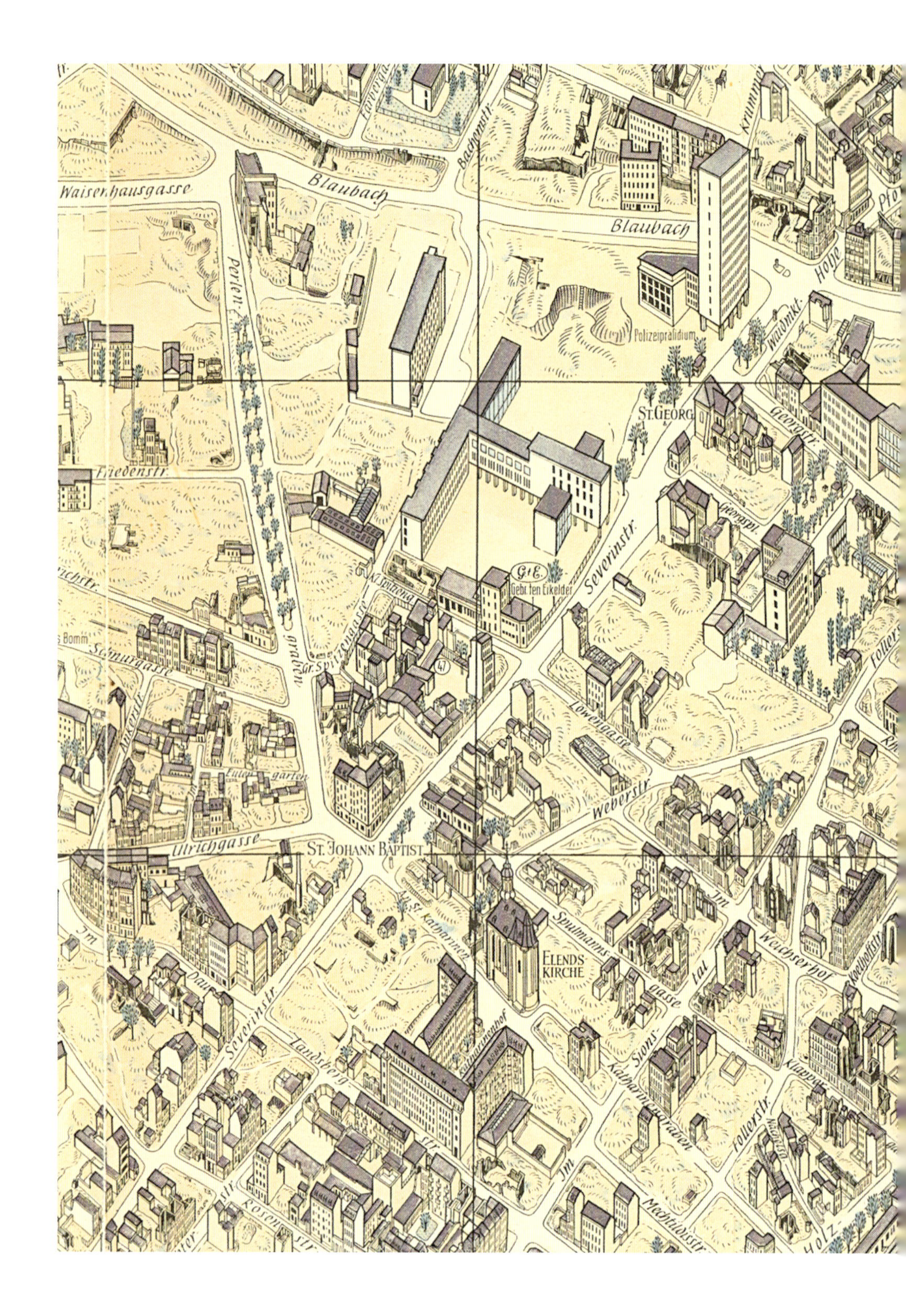
Waisenhausgasse
Blaubach
Blaubach
Polizeipräsidium
St. Georg
Georgstr.
Perlengraben
Friedenstr.
Severinstr.
Gebr. ten Eikelder
Kl. Spitzeng.
Gr. Spitzengasse
Schnurgasse
Eulengarten
Ulrichgasse
St. Johann Baptist
Löwengasse
Weberstr.
Elendskirche
Spulmannsgasse
Am St. Katharinen
Severinstr.
Landsberg
Katharinengraben
Follerstr.
Mechtildisstr.
Im Weichserhof
Rosenstr.

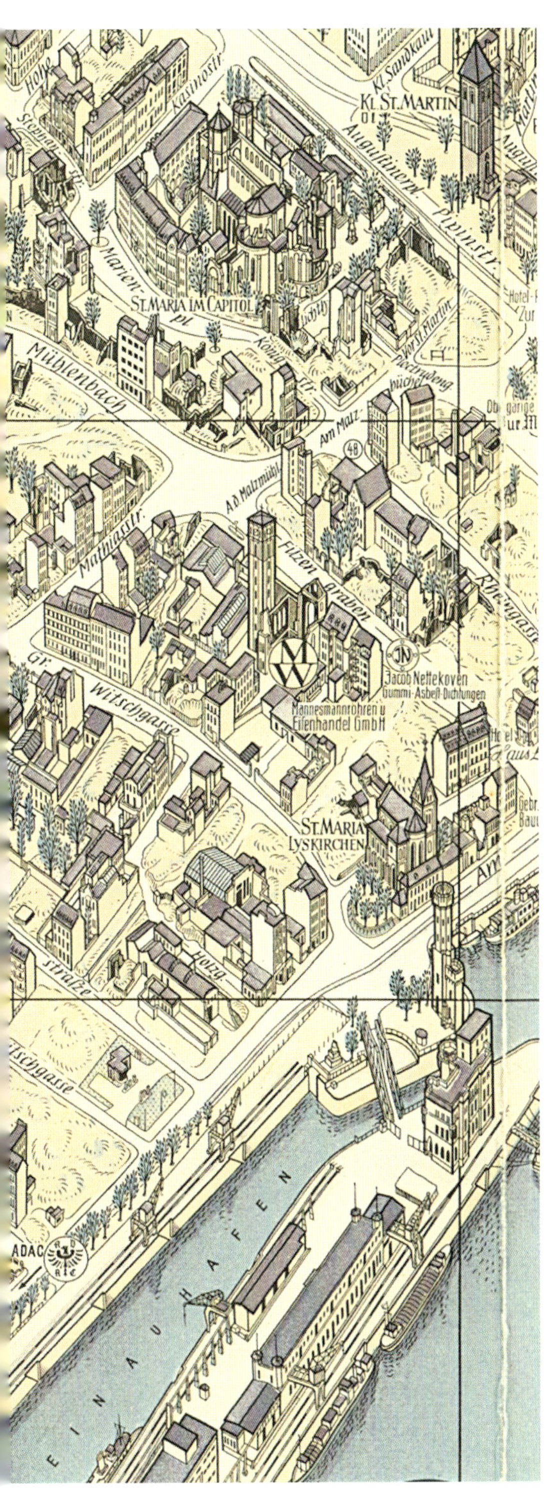

unterstellt, dass eine solche Schilderung aus der Rückschau allzu idealistisch ist – nichts vermag den Wandel so zu verdeutlichen wie die Tatsache, dass sich heute (2009) lediglich noch ein einziges Wohnhaus in der Spielmannsgasse befindet.

Der genannte Pressebericht von 1952 führt allzu optimistisch weiter aus: »Wann kommt das alte Leben wieder? Wann wird das ursprüngliche Leben diesen Bezirk wieder restlos erfüllen? Niemand vermag Tag und Jahr anzugeben. Aber jeder hat die Hoffnung, daß nicht mehr allzuviel Zeit vergehen möge, bis St. Johann wieder eine blühende Gemeinde mit nahezu 10.000 Seelen geworden ist.« Womöglich konnten die Betroffenen selbst klarer sehen, wie die weitere Entwicklung verlaufen würde. Nur so ist die Gründung des Veedels- und Karnevalsvereins »Spillmannsgasser Junge« am 16. März 1955 zu verstehen. Durch die Kriegsereignisse und die Zerstörung ihrer Häuser waren die Bewohner der Spielmannsgasse über die ganze Stadt verstreut worden, sodass die Gründung des Vereins nicht zuletzt auch als ein Akt der bewussten Erinnerung an unwiederbringlich Verlorenes zu sehen ist. Aus diesem Grund kommt auch dem alljährlichen Totengedenken der »Spillmannsgasser Junge« eine wichtige Bedeutung zu. Es findet an der vom Verein 1955 gestifteten Tafel am alten Küsterhaus in der Spielmannsgasse statt, welche die Inschrift trägt: *Üch ze Ihr / Ihr blievt unvergesse / Den Toten der Spulmannsgasse.*

Kölner Bildstadtplan, 1956: Ausschnitt mit dem Gebiet um St. Johann Baptist

Das Ende der Pfarrei St. Johann Baptist

In den Jahrzehnten der Nachkriegszeit bemühte man sich nach Kräften, das Pfarrleben zu gestalten, sodass etwa auch die Aufbruchszeit des Zweiten Vatikanischen Konzils in St. Johann Baptist erlebbar war. Andererseits war der sich fortsetzende und wohl unumkehrbare Schrumpfungsprozess nicht aufzuhalten, sodass beispielsweise schon von 1968 bis 1972 mit St. Severin gemeinsame Pfarrprozessionen veranstaltet wurden.

Auch die kirchliche Verwaltung reagierte entsprechend: Auf Friedhoff folgte als Pfarrer von 1967 bis 1969 Peter Heuser, der daneben noch das Amt des Kölner Stadtdechanten versah. Ebenso nahm Anno Quadt (1970–1997) neben der Tätigkeit als Pfarrer von St. Johann noch andere Aufgaben insbesondere im Bereich der Ökumene war. Insofern war es ein logischer Schritt, dass nach Quadt Johannes Quirl, bereits seit 1993 Pfarrer von St. Severin, 1997 auch die Pfarrstelle von St. Johann übernahm. Gleichzeitig begannen beide im Severinsviertel gelegenen Pfarreien eine enge Kooperation, was sichtbar in der Wahl eines gemeinsamen Pfarrgemeinderates (1997) Ausdruck fand.

Einführung von Pfarrer Peter Heuser (links), 1967

Der nächste Schritt einer auch rechtlichen Fusion beider Gemeinden lag damit aber zunächst nicht nahe, auch wenn sich zu dieser Zeit im gesamten Erzbistum Köln bereits solche Fusionen anbahnten. Erst als sich für die Kirchenvorstandswahl im Jahre 2001 abzeichnete, dass nicht genügend Kandidaten zur Verfügung stehen würden, war die Vorbereitung des nun auch rechtlichen Zusammenschlusses mit St. Severin die notwendige

Konsequenz. Für manchen aus der kleiner gewordenen Schar der Pfarrangehörigen von St. Johann Baptist bedeuteten die daraufhin anstehenden Veränderungen einen schmerzhaften Verlust – mögen diese Empfindungen von Außen betrachtet noch so unverständlich erscheinen. Bei nüchterner Betrachtung der Gesellschafts- und Bevölkerungsentwicklung im Severinsviertel war indessen nicht zu verkennen, dass eine solche Fusion mittelfristig auch für St. Severin zur Lebensfrage geworden wäre. In diesem Sinne ist die gleichermaßen von Abschiedsschmerz wie von Realismus geprägte Äußerung des Kirchenvorstandsmitgliedes Wilfried Wilhelmy bezeichnend, der seine Zustimmung zur Fusion von St. Johann und St. Severin begründete: »Ich empfinde es als dramatisch, dass mit der Pfarrei St. Johann Baptist eine Tradition von mehr als tausend Jahren untergeht. Noch viel dramatischer wäre es, wenn ansonsten aber auf kurz oder lang gleich zwei Pfarrgemeinden und damit zwei Traditionsstränge von mehr als tausend Jahren untergehen.«

vom 12. – 26. Februar 1967

Katholisches Pfarramt
St. Johann-Baptist
KÖLN-MITTE, „An Zint Jan"

Werbung für eine Mission in St. Johann Baptist

Pfarrer Peter Heuser mit dem Kölner Erzbischof und Kardinal Frings (rechts) bei einer Karnevalssitzung, um 1968

Epilog

Damit konnte das offizielle Ende der Pfarrgemeinde St. Johann Baptist zum 31. Dezember 2000 im wahrsten Sinne besiegelt werden. Bei dieser Fusion von St. Severin und St. Johann Baptist handelte es sich um einen der ersten Zusammenschlüsse überhaupt im Erzbistum Köln. Zwar war die alte, traditionsreiche Pfarrkirche Filialkirche geworden, doch lebte in der Bezeichnung »St. Severin und Johann Baptist« des neuen Gebildes der alte Name noch fort, wie man sich auch hinsichtlich der pastoralen Konzeption als »eine Gemeinde an zwei Orten« verstehen wollte. Für alle Beteiligten war es wohl eine große Ernüchterung als bald schon klar wurde, dass mit dieser teils unter Schmerzen und Verärgerungen vollzogen Fusion kein Endpunkt erreicht war: Mit der bald schon folgenden nächsten Fusion (2007) verschwand auch der Name »St. Johann Baptist« wohl endgültig als Bezeichnung für die Pfarrgemeinde. Je eigene Ursachen waren es, die dann zur Aufgabe der kirchlichen Trägerschaft am früheren Pfarrkindergarten von St. Johann Baptist (2008) sowie zum Weggang der Schönstattschwestern (2009) führten. Letztere hatten nicht nur über vier Jahrzehnte unermüdlich in der Gemeinde gewirkt, sondern über alle Pfarrerwechsel hinweg die Spiritualität des Ortes geprägt. Insofern die Schönstattschwestern an das Kloster der Armen-Schwestern vom Hl. Franziskus und diese an die alte Johannisklause angeknüpft hatten, wurde mit dem Ende dieser Niederlassung nicht zuletzt auch ein siebenhundertjähriger Traditionsstrang klösterlichen Lebens an St. Johann Baptist gekappt.

Die am 29. September 2004 eingetretene Schieflage des Kirchturms von St. Johann Baptist hat mit diesen Entwicklungen nicht direkt zu tun. Und doch mag man die Verknüpfung als symbolhaft empfinden: So wie der Turm war auch die Pfarrgemeinde ohne eigenes Zutun in Schieflage geraten – und wurde anders als der Turm nicht wieder aufgerichtet. So wie am 29. September 2004 um 2:43 Uhr die Uhr am Kirchturm stehen blieb, so blieb wenig vorher am 31. Dezember 2000 auch für die Pfarrgemeinde die Zeit stehen. Tatsächlich aber hört Geschichte niemals auf, und so soll am Ende dieses Gangs durch mehr als ein Jahrtausend Pfarrgeschichte ein offener, aber auch ein optimistischer Schluss und ein Blick in die Zukunft stehen: Kirchliches Leben rund um den wieder aufgerichteten Turm von St. Johann Baptist wird sich verändern, aber mit der Jugendkirche besteht es weiter: »Die Kirche lebt. Und die Kirche ist jung. Sie trägt die Zukunft der Welt in sich«, sagte der schon 78-jährige Papst Benedikt XVI. bei seiner Amtseinführung 2005. Es ist zu hoffen, dass sich trotz aller Problemlagen, die sich die Kirche bisweilen selbst bereitet, diese Aussicht auch für St. Johann Baptist erfüllt.

Liste der Pfarrer von St. Johann Baptist

Die nachfolgende Liste der nachweisbaren Pfarrer von St. Johann Baptist verkörpert mehr als eine Ansammlung von Namen und Daten. Die im 12. Jahrhundert einsetzende und seit dem 15. Jahrhundert wohl lückenlose Liste vermag vielmehr die institutionelle Kontinuität der Pfarrei über nahezu 900 Jahre und alle historischen Einschnitte hinweg verdeutlichen. Bei Pfarrern, die gleichzeitig Kanoniker an St. Severin beziehungsweise Professoren der Kölner Universität waren, stehen die zusätzlichen Angaben »*Kanoniker*« beziehungsweise »*Univ.*«

Albertus	1176	
Ludophus	1200–1216	
Sifridus	um 1242	
Johann genannt Nase	– vor 1249	
Henricus Kesemann	1249–1256	
Johannes	um 1263/1267	
Florekinus	1270	
Diederich	1271	
Johann	um 1271–1274	
Heinrich von Gleuel	1274–1293	
Hermann Kleingedank	1300–1319	
Winrich von Troisdorf	1322–1339	*Kanoniker*
Johannes von Lyskirchen	1340–1354	*Kanoniker*
Heinrich de dimidia Domo	1373	
Heinrich von Pissenheim	1381–1396	
Dietrich Kerkering von Münster	1396–1422	*Univ.*
Theodericus de Beckhem	1439– vor 1451	
Mathias van dem Velde	1458	
Johannes Bardun	1464–1486	*Univ.*
Thomas von Zülpich	1486–1489	
Jakob Tyman von Amersfort	1489–1493	*Univ., Kanoniker*
Hermann von Bergheim	1493–1499	*Univ.*
Peter von Dunen	1499–1502	
Johannes Hoelem von Venrath	1502–1530	*Univ.*
Eilard von Emden	1530–1540	*Univ., Kanoniker*
Heinrich Immendorf	1541–1565	*Univ.*
Arnold van Daert	1566–1577	*Univ., Kanoniker*
Jodocus Knipper	1577–1585	*Univ.*
Burkard Moers von Roermond	1585–1619	*Kanoniker*
Heinrich Neel	1619–1639	*Univ., Kanoniker*

Johannes Versondert	1640–1673	*Kanoniker*
Peter Versondert	1673–1682	*Kanoniker*
Godofredus Hambach	1684–1691	*Kanoniker*
Simon Canen	1691–1709	*Kanoniker*
Robert Schmitz	1709–1733	*Univ., Kanoniker*
Bertram Löhr	1733–1746	*Kanoniker*
Michael Rheins	1746–1769	*Kanoniker*
Johann Peter Daniels	1769–1782	*Kanoniker*
Heinrich Joseph Frohn	1782–1803	*Kanoniker*
Peter Anth	1803	
Hubert Schüller	1803–1834	
Gerhard Norbert Busch	1834–1849	
Albert Gereon Stein	1849–1862	
Chrysanthus Jos. Hubert Hendrichs	1863–1872	
Johann Hubert Kessel	1872–1873	
Wilhelm Esser	1873–1887	
Dr. J. Schroeder	1887–1888	*(Pfarrverweser)*
Dr. Emil Münch	1888–1893	
Hubert Michael Juris	1893–1926	
Hubert Caspers	1926–1937	
Walter Kasper	1937–1950	
Karl Friedhoff	1950–1967	
Peter Heuser	1967–1969	*Stadtdechant*
Johannes Schlösser	1969-1970	*(Pfarrverweser)*
Anno Quadt	1970–1997	
Johannes Quirl	1997–2000	

Quellen und Literatur

Quellen: Hauptquelle für die Geschichte der Pfarrei St. Johann Baptist ist das Pfarrarchiv, das sich heute im Historischen Archiv des Erzbistums Köln befindet. Trotz erheblicher Kriegsverluste umfasst es immer noch einen beachtlichen Bestand, der sich von 1416 bis zur Aufhebung der Pfarrei im Jahre 200 erstreckt. Weitere wichtige Quellen befinden sich schwerpunktmäßig im Historischen Archiv des Erzbistums Köln (Bestände: Pfarrarchiv St. Severin, GVA Köln überhaupt, GVA-Ortsakten, Slg. Roth) sowie im Historischen Archiv der Stadt Köln (Bestände: Armenverwaltung, Severin).

Literatur (in Auswahl): Wilhelm Esser, *Geschichte der Pfarre St. Johann Baptist in Köln*, Köln 1885. – Heinz Firmenich: *St. Johann-Baptist und die Elendskirche, Köln*, Neuss 1965. – *Führer durch die Kath. Pfarrgemeinde St. Johann Baptist Köln-Mitte*, hg. vom Kath. Pfarramt St. Johann Baptist, Köln 1963. – *Handbücher und Schematismen des Erzbistums Köln*. – Hermann Keussen: *Topographie der Stadt Köln im Mittelalter*, Bonn 1910, v. a. Bd. 2, S. 43, 47–48, 184. – Klaus Militzer: *Quellen zur Geschichte der Kölner Laienbruderschaften vom 12. Jahrhundert bis 1562/63*, Bd. 2, Düsseldorf 1997. – Klaus Müller: *Köln von der französischen zur preußischen Herrschaft 1794–1815*, Köln 2005, S. 384. – Wilhelm Levison: *Eine Kölner Namensliste aus dem elften Jahrhundert, in: Annalen des Historischen Vereins für den Niederrhein* 119 (1931), S. 164–169. – Jochen Roessle: *St. Johann Baptist, in: Colonia Romanica* 18/19 (2003/2004), S. 172–192. – Hans Planitz/Thea Buyken (Hg.): *Die Kölner Schreinsbücher des 13. und 14. Jahrhunderts*, Weimar 1937, Nr. 320, 372, 1371. – Wilhelm Schmidt-Bleibtreu: *Das Stift St. Severin in Köln*, Siegburg 1982. – Götz-Rüdiger Tewes: *Die Bursen der Kölner Artisten-Fakultät bis zur Mitte des 16. Jahrhundert*, Köln/Weimar/Wien 1993, S. 452–456.

Bildnachweis

AEK (Historisches Archiv des Erzbistums Köln), Bildsammlung: *S. 4, 8, 28, 32 unten, 51, 52, 55, 57 oben und unten, 58, 59, 63 unten*; AEK, Best. Stift St. Georg A I 1: *S. 14/15, 19*; AEK, Best. Stift St. Severin A I 3: *S. 14, 17*; AEK, KBN 283: *S. 33*; AEK, Pfarrarchiv St. Johann Baptist A II 2: *S. 25*; ebd., A II 5: *S. 37*; ebd., A II 42: *S. 35*; ebd. A II 46: *S. 49*; ebd.: *S. 56, 63 oben*; AEK, Slg. Personalia: *S. 50, 62*; Germanisches Nationalmuseum, Nürnberg, Gm 876: *S. 36*; ebd. Gm 51: *S. 42/43*; Stadtkonservator Köln: *S. 27, 30, 32 oben*; Bollmann, Bildstadtplan Köln, Bollmann-Bildkarten Verlag Braunschweig 1956: *S. 60*; Firmenich, St. Johann Baptist und die Elendskirche, Köln, Neuss 1965, S. 4: *S. 29*; Greven's Adreßbuch für die Stadtgemeinde Köln 37 (1891), S. 298/299: *S. 47*. Karten *S 26, 41, 45*: Entwurf Joachim Oepen, Kartographie Regine Binot

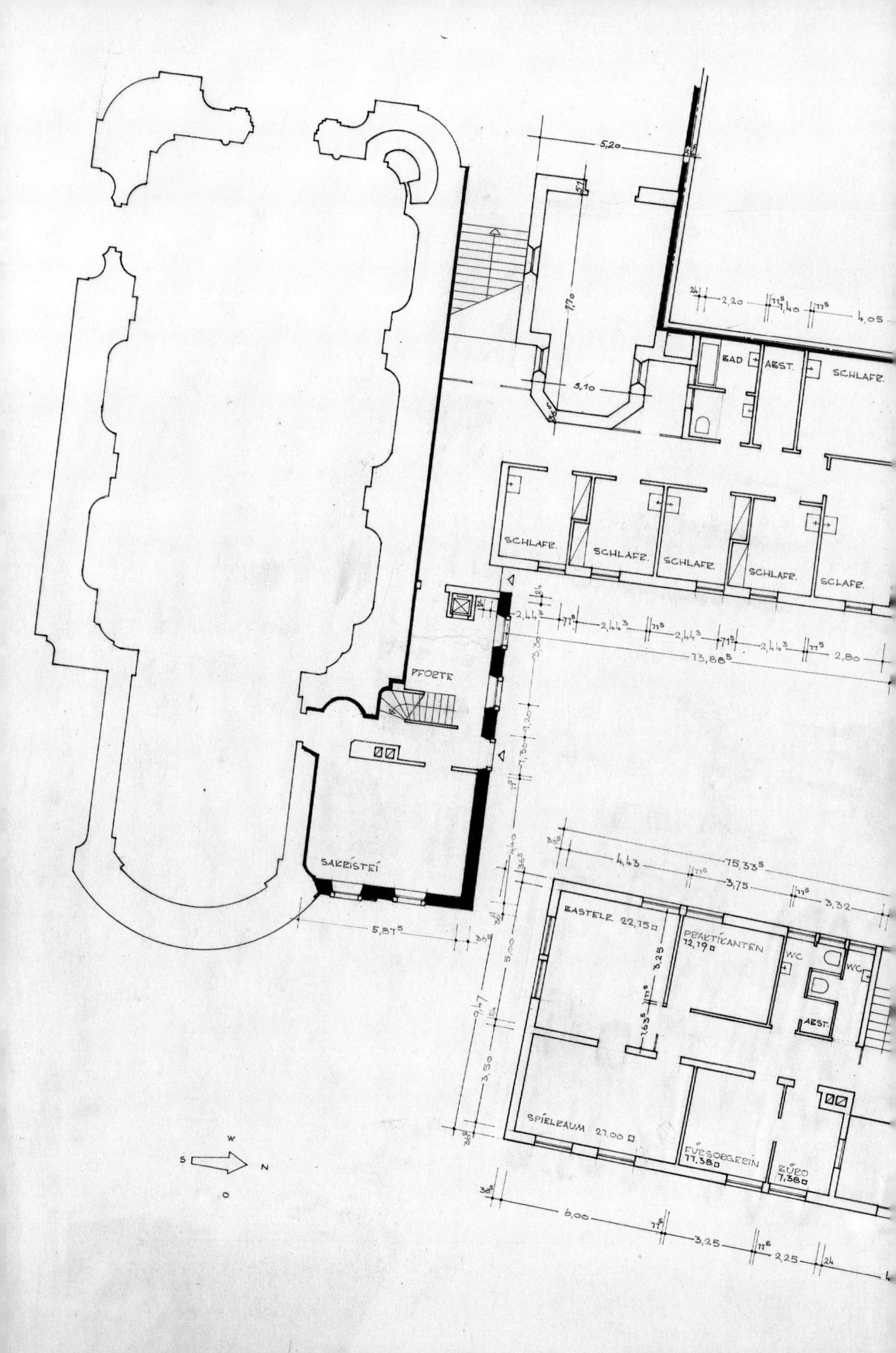

PFORTE
SAKRISTEI
SCHLAFR.
SCHLAFR.
SCHLAFR.
SCHLAFR.
SCHLAFR.
SCLAFR.
BAD
ABST.
BASTELR. 22,15 □
PRAKTIKANTEN 12,19 □
WC
WC
ABST.
SPIELRAUM 27,00 □
FÜRSORGERIN 11,38 □
BÜRO 7,38 □
S
W
N
O

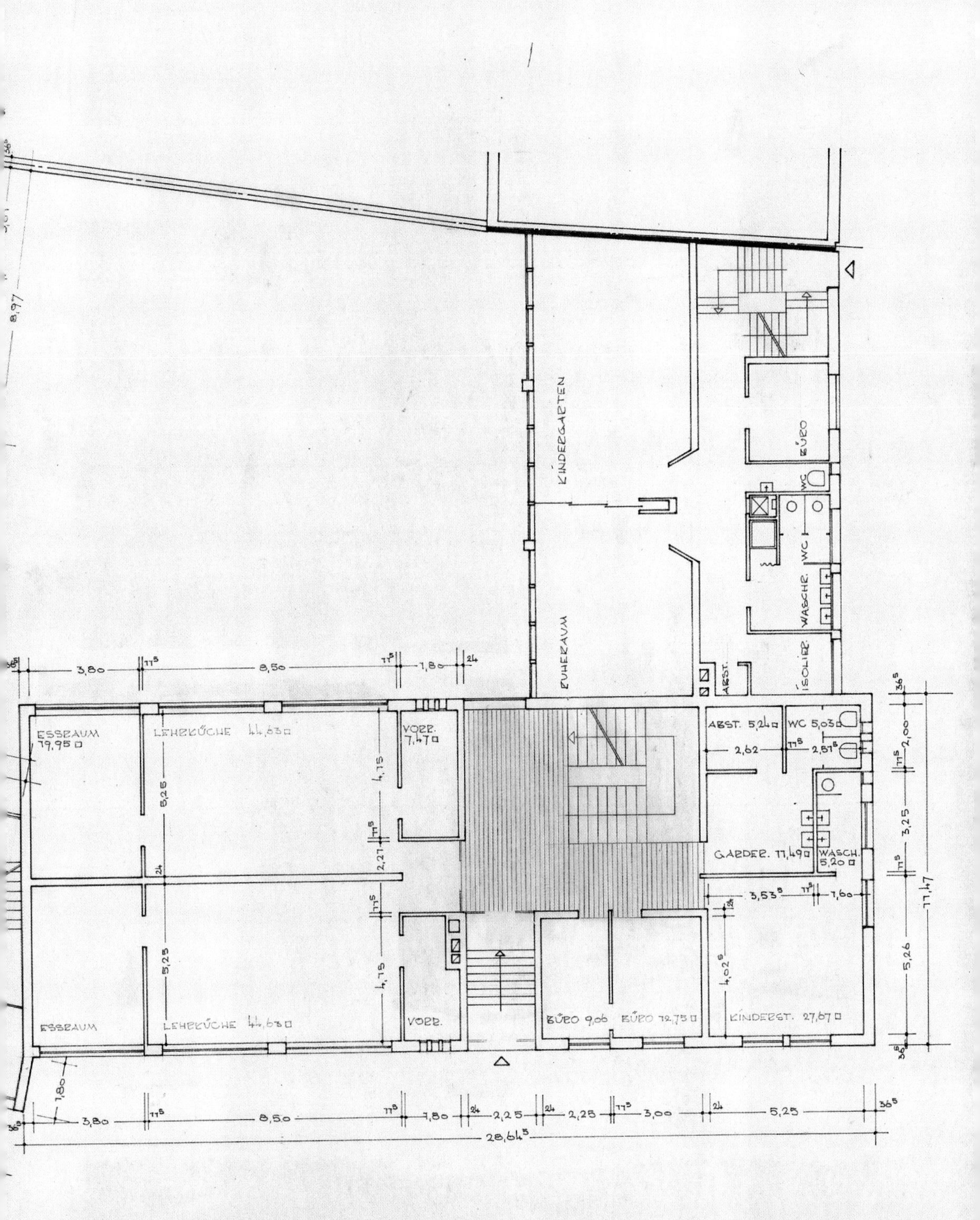

KINDERGARTEN
RUHERAUM
BÜRO
WC
WC
WASCHR.
ISOLIER.
ABST.
ESSRAUM 19,95 □
LEHRKÜCHE 44,63 □
VORR. 7,47 □
ABST. 5,24 □
WC 5,03 □
GARDER. 11,49 □
WASCH. 5,20 □
ESSRAUM
LEHRKÜCHE 44,63 □
VORR.
BÜRO 9,06
BÜRO 12,75 □
KINDERST. 27,67 □
28,64⁵

Karl Band im Jahr 1961

Der Kölner Architekt und Stadtplaner Karl Band und die Pfarrinsel St. Johann Baptist

von Birgit Gerdes

»Wie der Vatikan«: Andächtig blickte der Kölner Architekt Karl Band auf die Pfarrinsel St. Johann Baptist mit den kirchlichen Zentren St. Johann Baptist und der Elendskirche, nachdem alles fertig gebaut war. So zumindest erinnerte sich später Schönstatt-Schwester Marietheresis, die viele Jahre für die Kirchen als Küsterin verantwortlich war, an Bands Worte. Anstelle der im Zweiten Weltkrieg völlig zerstörten Wohngebäude war in den Jahren 1960 bis 1963 ein Gemeindezentrum entstanden, ein »Bezirk der Besinnung und Stille«, wie es die Pfarrchronik vermerkt. Aus architektonischer Sicht sucht es über die Grenzen Kölns hinaus seinesgleichen. Neben beiden Kirchen wurden Pfarrgemeindebauten integriert, karitative Einrichtungen und zwei Glaubensgemeinschaften der internationalen Schönstattbewegung, die der Schönstätter Marienschwestern und der »Frauen von Schönstatt«.

Kaum jemand hätte glauben mögen, dass an diesem Ort einmal ein derart umfassendes Gemeindezentrum entstehen könnte. So gewaltig war die Zerstörung des Stadtgebiets während des Zweiten Weltkriegs und in den Folgejahren. Vor nunmehr über 65 Jahren bot sich ein Bild des Schreckens: Bis zum Einmarsch amerikanischer Truppen in Köln im März 1945 hatten die Kölner 262 Luftangriffe erlebt. Ganze Wohnviertel waren flächendeckend bombardiert und ausgelöscht worden. Das linksrheinische Stadtgebiet war besonders schwer betroffen. 70 Prozent Kölns waren zerstört. Die Zahl der Einwohner innerhalb des Militärrings sank von über einer halben Million im Mai 1939 auf nur noch 44.000 im April 1945.

St. Johann Baptist mit dem davorliegenden Kloster, 1944

Auslöschung des Gemeindelebens – die »Peter und Paul-Nacht«

Hinter diesen Zahlen verbirgt sich großes Leid. Nach ersten flächendeckenden Bombardements erfolgte in der Nacht vom 28. auf den 29. Juni der schwerste Luftangriff der Alliierten im Jahr 1943. Über 4.000 Menschen starben in dieser sogenannten »Peter und Paul-Nacht«. Nahezu eine viertel Million Kölner verloren ihr Zuhause. Therese Drouvé, aufgewachsen bei ihrer Großmutter Maria Drouvé in der Spielmannsgasse, war 13 Jahre alt, als die Kirche St. Johann Baptist und ihre Umgebung angegriffen und die südliche Altstadt nahezu völlig ausgelöscht wurde. Sie erinnert sich, dass alle Bewohner der Spielmannsgasse bei Bombenalarm bis zur Schnurgasse laufen mussten, um dort in einem Bunker Schutz zu finden. Am Morgen brannte sich ihr der Anblick glühender Gesteinsbrocken und unzähliger Toter in ihr Gedächtnis: »Eine schwere Sprengbombe brachte den Turm der Kirche, die Vorhalle mit einer darüberliegenden Wohnung, sowie auch erhebliche Teile der Kirche zum Einsturz ... Mit der Kirche verbunden war das ... Kloster St. Johann ... Es wurde mit der gesamten Inneneinrichtung völlig vernichtet.« So ist es nachzulesen in einem Bericht des damaligen Kirchenvorstands in seinem Antrag auf Gewährung einer Entschädigung wegen Kriegsschäden vom 27. September 1943.

Küsterhaus und nördliches Seitenschiff, um 1940

Küsterhaus, Hoffront, 1944

Ein erneuter schwerer Fliegerangriff am 3. November 1943 vernichtete die bis dahin noch stehende historische Fassade des Klosters, in dem bis zum Zeitpunkt der Zerstörung 21 Franziskanerinnen und neun Angestellte wirkten. In ihren Räumlichkeiten betrieben die Frauen ein Altersheim mit 30 Plätzen und kümmerten sich darüber hinaus um die Armen- und Krankenpflege in insgesamt sieben Pfarreien. Dem Bombenhagel zum Opfer fielen auch das Pfarrhaus und das Pfarrheim, der Kinderhort und das Küsterhaus, das sich womöglich schon vor dem 16. Jahrhundert im Besitz der Kirche St. Johann Baptist befand (vgl. dazu den Beitrag von Joachim Oepen). Noch 1935 saniert, zählte es zu den wenigen erhaltenen mittelalterlichen Profanbauten Kölns.

Diese verheerenden Bilder zertrümmerter Stadtviertel hatten die Städtebauer vor Augen, als sie sich an die Aufgabe machen, die Stadt wiederaufzubauen. Innerhalb weniger Jahre entstanden dominierende Großprojekte wie das Gerling-Hochhaus, das wiederaufgebaute Gürzenich-Ensemble unter Einbeziehung der Ruine von St. Alban, das Museum für Angewandte Kunst, das Polizeipräsidium am Waidmarkt, der Spanische Bau, das Opernhaus und die Severinsbrücke. Diese Architektur der 1950er-Jahre prägt bis heute das Stadtbild.

Karl Band – Mann der ersten Stunde

Als Mann der ersten Stunde hatte Karl Band großen Anteil an diesem ›neuen‹ Köln. Er zählte zu den bestimmenden, während vieler Jahre auch politisch einflussreichsten Architekten der Nachkriegszeit der Stadt. Mit großem Engagement beteiligte er sich am Wiederaufbau. Noch während des Krieges begann er mit der Instandsetzung der Romanischen Kirchen. Neben seinen Aktivitäten als Kirchenbaumeister und -restaurator entwarf er eine Vielzahl von Profanbauten. Er machte sich einen Namen vor allem mit der Neugestaltung des Kölner Gürzenichs in Zusammenarbeit mit Rudolf Schwarz (1952–1955) und dem Wiederaufbau des Rathauses (1966–1972). Unter seiner Regie entstanden im Köln der 1950er- und 1960er-Jahre Baudenkmäler, Gemeinde- und Sozialbauten (Pfarr- und Küsterhäuser, Kindergärten, Schulen, Krankenhäuser, Jugend- und Altenheime), Bürobauten (Banken und Versicherungen), Wohn- und Geschäftshäuser, auch einige Industriebauten und sogar Tankstellen. Karl Band war ein gefragter Architekt: Sein Büro beschäftigte zeitweise über 25 Mitarbeiter. Allein in den 1950er-Jahren realisierte Band für Köln rund 100 Projekte. Hinzu kommt eine ähnlich hohe Zahl von Objekten im Kölner Umland.

Bands Liebe zur Kunstgeschichte und Architektur

44 Jahre war Karl Band alt, als er das Kriegsende erlebte. Er gehörte jener Generation in Deutschland an, die ihre Kindheit im Kaiserreich verbracht, in ihrer Jugend den Ersten Weltkrieg erlebt und ihre Ausbildung in der Zeit der Weimarer Republik absolviert hatte. Band, der in einer Architektenfamilie groß geworden war, entschied sich ebenfalls für diesen Beruf. Allerdings konnte er seine Arbeit erst sehr spät aufnehmen – erst, als der Zweite Weltkrieg vorüber und das Hitlerregime gestürzt worden war.

Geboren wurde Karl Band am 8. November 1900 in Köln als Sohn des Architekten Heinrich Band (1855–1919) und seiner Frau Amalia Band, geborene Welter (1861–1910). Er wuchs im Kölner Stadtzentrum auf. Die Familie Band bewohnte die zweite Etage des Hauses Hohenzollernring 90, das im Zweiten Weltkrieg zerstört wurde. Der Vater, Heinrich Band, war zunächst Chefarchitekt bei Hermann Otto Pflaume, zu dessen bekanntesten Bauten der 1859 eröffnete Kölner Hauptbahnhof zählt. Heinrich Band entwarf vorrangig Villen und Bankhäuser, auch Grabmäler auf dem Friedhof Melaten. 1890 ließ er sich als freier Architekt in Köln nieder. Seine Pläne, nach Amerika auszuwandern, verwarf er.

Auch Bands Großväter hatten sich bereits einen Namen gemacht: Johann Band war Musiker und Instrumentenbauer. Er gilt als der Erfinder des Bandoneons, einem Vorläufer der Ziehharmonika. Mütterlicherseits war Band der Enkel des Kölner Dekorationsmalers Michael Welter, der schon zu seinen Lebzeiten einen über Köln hinausgehenden renommierten Ruf genoss. Begründet war dieser unter anderem durch die Innenraumrestaurierung von St. Kunibert in Köln, die Beteiligung an der Ausmalung der Wartburg bei Eisenach oder durch seine Entwürfe für die Obergadenfenster des Lang- und Querhauses des Kölner Domes. Alle Arbeiten führte Michael Welter um die Mitte des 19. Jahrhunderts aus.

»Mein Vater hat mir die Liebe zur Kunstgeschichte und Architektur vermittelt«, so hat es Band einmal formuliert. Mehr kann sich ein Sohn wohl nicht wünschen. So studierte Karl Band nach dem Abitur zunächst von 1919 bis 1921 Kunstgeschichte an der Rheinischen Friedrich-Wilhelms-Universität zu Bonn. Schwerpunkt war die Architekturgeschichte, insbesondere die mittelalterliche Baukunst. Er war Schüler von Paul Clemen und arbeitete auch als dessen Hilfskraft. Clemen, Provinzialkonservator der Rheinprovinz, hatte ohne Zweifel im Hinblick auf denkmalpflegerische Fragen und den Umgang mit dem mittelalterlichen Kirchenbau einen nachhaltigen Einfluss auf Band. Das offenbarte sich später, als es Band darum ging, die Bausubstanz der Romanischen Kirchen nach den Kriegszerstörungen unbedingt zu erhalten. Band hängte ein zweites Studium an, für Architektur in Karlsruhe. Hier traf er unter anderem auf die Professoren Billing, Läuger, Teuffel von Birkensee, Gruber und Caesar.

Nach seinem Abschluss kehrte Band 1924 in seine Heimat Köln zurück. Er zog in die elterliche Wohnung am Hohenzollernring und sammelte in den folgenden Jahren in verschiedenen namhaften Architekturbüros Erfahrungen. So arbeitete Band etwa für Hans Schumacher, Eugen Fabricius, Jakob Kerschgens, auch im Architektenbüro Noven und Willach wurde er mit unterschiedlichsten Projekten betraut: Er entwarf Wohn- und Siedlungsbauten, Schulen, Gemeindebauten, Kirchen und Klöster, probierte aber auch ganz andere Wege aus und gestaltete Möbelstücke.

Vor allem die Zusammenarbeit mit dem Avantgardisten Hans Schumacher macht deutlich, dass Band nicht nur der Tradition verhaftet war. Er war auch dem sogenannten »Neuen Bauen« aufgeschlossen, das – inspiriert durch die Bauhaus-Ideen der 1920er-Jahre – die Verwendung der neuen Baustoffe Stahlbeton und Glas favorisierte. Schumacher hatte insbesondere durch seinen Entwurf des Pavillons der Arbeiterpresse für die Ausstellung »Pressa«, die zu Beginn der 1920er-Jahre in Köln stattfand, auch über Köln hinaus international Anerkennung erfahren.

Karl Band als selbstständiger Architekt in Köln (1931–1945)

Die enge Zusammenarbeit Bands mit dem renommierten Kirchenbaumeister Eduard Endler begann mit Eintritt in dessen Architekturbüro im September 1929. Nach seiner Prüfung zum Regierungsbaumeister bildeten die beiden ab Januar 1931 eine Sozietät. Nach dem Tode Endlers im Jahr 1932 trat dessen Sohn Clemens die Nachfolge an. Die Partnerschaft zwischen Clemens Endler und Band bestand bis 1945. Auch privat band sich Band: 1933 heiratete er Dr. phil. Margarete Band-Löffler (1898–1978). Ihre Kinder Gero und Michaele wurden 1935 und 1938 geboren.

Damalige Wegbegleiter und Mitarbeiter erinnern sich, dass Band in dieser Zeit als eher unpolitisch galt – als jemand, der versuchte, sich von den Nationalsozialisten fernzuhalten. In Zeiten der Rezession und mangelnder privater Aufträge war das allerdings schwer durchzuhalten. Die nationalsozialistischen Städteplaner sahen Köln und Leipzig für den Ausbau zu Handelszentren vor. Köln wurde 1935 zur »Hansestadt« erklärt. Für dieses Ziel sollte das Martinsviertel in seiner Tradition als mittelalterlicher Handelsplatz hervorgehoben werden und ebenso wie der Dom und die romanischen Kirchen als Enklave mit historischem Vorbildcharakter dienen – in einem ansonsten durch nationalsozialistische Neuplanungen völlig umgestalteten Köln.

Es war die Stadt Köln, die dem Architektenteam Band/Endler in dieser Zeit den größten Auftrag erteilte. Denn im März/April 1935 hatte das Team an einem Wettbewerb teilgenommen. Ziel der Ausschreibung war es, ein Konzept für das Martinsviertel zu entwickeln, das der baulichen und sozialen Verelendung sowie den damit verbundenen katastrophalen hygienischen Verhältnissen ein Ende bereiten sollte. Am Ende wurde auch der Entwurf Bands und Endlers ausgewählt. Ihr Büro war an der Altstadtsanierung mit insgesamt sechs Neu- und vier Umbauten vertreten, die in der Zeit von 1936 bis 1940 ausgeführt wurden.

Zwischen 1941 und 1943 wurde Band verpflichtet, die künstlerische Oberleitung für die Realisierung von Wohn- und Rüstungsbauten in Peenemünde zu übernehmen. Auch diesen Auftrag wollte er nicht ausschlagen. Während seine Familie nach den ersten Luftangriffen auf Köln Schutz bei Verwandten und Freunden in Mecklenburg, im Elsass und zuletzt in Baasem in der Eifel suchte, pendelte Band zwischen dem jeweiligen Aufenthaltsort der Familie, Peenemünde und seiner Heimatstadt. Insbesondere in den letzten, zermürbenden Kriegsmonaten fuhr er von Baasem aus immer wieder mit dem Fahrrad nach Köln. Unterschlupf fand er in Köln bei verschiedenen Freunden und Bekannten. In »geradezu verzweifelten Rettungsaktionen« (Durth/Gutschow) versuchte Band, die durch Bomben zerstörten Kirchen zu sichern. So erinnerte sich der jüngst 87jährig verstorbene Hans Schilling, der Band seit seiner Bauzeichnerlehre 1937 im Architekturbüro Band/Endler kannte: »Es war für ihn ganz selbstverständliche Pflicht, bewahrenswerte Vergangenheit zu retten und zu schützen. Mit seinen damaligen Gesinnungsgenossen, die es bei der Kirche und der Stadtverwaltung gab, und die sich unerkannt erkennbar machten, hat er unermüdlich Holz für Notdächer, Bleche für die Eindeckung und Kanthölzer für die Abstützungen besorgt« (Schilling).

Nach dem Krieg konnte Karl Band mit seiner Arbeit im Architekturbüro sofort wieder beginnen. Die Büroräume waren verschont geblieben. Politisch unbelastet und durch sein Engagement während des Krieges bekannt, beauftragte ihn die amerikanische Militärregierung 1945 damit, eine Bestandsaufnahme der Kriegsschäden an Kölner Baudenkmälern durchzuführen. Parallel erarbeitete Band Vorschläge zur Instandsetzung der Bauten.

Band als Stadtplaner und Politiker

Der Schaffensdrang Bands war enorm. Möglich war er nur, weil der »Vater des Kölner Wiederaufbaus« seine Aufgabe als Städteplaner mit politischem Engagement im Nachkriegs-Köln verknüpfte. Unter dem Eindruck seiner völlig zerstörten Heimatstadt und getrieben von seiner Vision eines neuen Kölns formulierte Band als erster Kölner Architekt im Juni 1945 seine Vorstellungen zum Wiederaufbau. Angeregt, seine Gedanken schriftlich niederzulegen, hatte ihn der Kölner Kommunalpolitiker und spätere Oberbürgermeister Dr. Ernst Schwering, mit dem Band freundschaftlich verbunden war.

Die elf Seiten umfassende Denkschrift »Zum Wiederaufbau Kölns innerhalb des Mauerrings des 13. Jahrhunderts« vom 29. Juni 1945 skizziert deutlich die Leitlinien seines Bauens. Band spricht sich dafür aus, den Wiederaufbau Kölns in die Hand eines Architekten zu legen, der mit Köln vertraut ist, damit in Anbetracht der starken Zerstörung der Stadt die Chance besteht, den »Geist des alten Köln einzufangen«. Neben seinem Grundsatz, die Kirchen als »Kristallisationspunkte des Wiederaufbaus« zu sehen, beinhaltet die Denkschrift eine Fülle weiterer Aspekte, insbesondere zur Stadtplanung.

So sollte der Rhein für Kölner und Touristen durch Gartenanlagen und Hotels direkt zugänglich gemacht werden. Die Romanischen Kirchen und der Dom waren für Band die bestimmenden Faktoren für den Wiederaufbau. Seine Pläne orientierten sich dementsprechend an der historisch gewachsenen Stadtstruktur. Um das Erscheinungsbild der Romanischen Kirchen nicht zu schmälern, plädierte Band für eine möglichst homogene Höhenstruktur mit höchstens viergeschossigen Wohnbauten in der gesamten linksrheinischen Kölner Innenstadt.

Um den Erhalt des alten Stadtgrundrisses zu garantieren, forderte er außerdem die Entlastung des historischen Stadtkerns vom Verkehr, etwa durch den Verzicht auf die den historischen Altstadtkern durchtrennende Ost-West-Achse. Außerdem wünschte er die Verlegung des Hauptbahnhofs und der Geschäftszentren an die Ringe. Die Wohnqualität in der Innenstadt sollte gesteigert werden durch die Auslichtung der Baublöcke als Kinderspiel- und Erholungsplätze sowie durch Grünanlagen, zum Beispiel am Neumarkt oder auf dem Pantaleonshügel. Der alte botanische Garten sollte wieder an seiner ursprünglichen Stelle, auf dem Terrain des zerstörten Hauptbahnhofs, angelegt werden. Darüber hinaus forderte Band eine »lockere Baurichtlinie«, um unter anderem die Beibehaltung und den Ausbau der für die Altstadt typischen Kleinparzellierung zu erreichen. Dazu ein Zitat aus seiner Denkschrift: »Grade Bauen kann jeder! Erst wenn man Rücksicht auf vorhandene Schwierigkeiten nimmt, erwächst aus diesem das Gute. Schwierigkeiten auf dem Reißbrett aus dem Weg zu räumen, ist einfach und billig – auf dem Papier. In Wirklichkeit ergeben sich erst durch Rücksichtnahme auf Gegebenheiten die städtebaulichen Reize.« Aus diesem Plädoyer für die Stadt Köln sprechen deutlich sein historisches Bewusstsein und seine tiefe Verbundenheit zu seiner Geburtsstadt.

Die in seinen Ausführungen immer wieder anklingenden Vorschläge für eine Durchgrünung des Innenstadtbereichs konkretisierte und erweiterte Band zwei Jahre später, 1947, in seinem zusammen mit Victor Calles und Hans Schilling ausgearbeiteten Plan »Umgrünung der Römerstadt. Sicherung und Sichtbarmachung der römischen Reste«. Seine Zielsetzung, die deutliche Abgrenzung des historischen Stadtkerns von der übrigen Bebauung Kölns, ohne Nord-Süd- oder Ost-West-Achse, blieb ein Traum – wie wir heute wissen.

Wer heute auf die Kölner Innenstadt blickt, kann feststellen, dass die wenigsten Vorschläge Bands umgesetzt worden sind. Das hätte durchaus anders sein können: Denn Band hatte einen wichtigen Fürsprecher gewinnen können – Konrad Adenauer, der seit Mai 1945 wieder Oberbürgermeister der Stadt war. Bands Leitlinien zum Wiederaufbau Kölns wurden in Absprache mit Adenauer verfasst. Der Politiker zeigte sich insbesondere an Bands Verkehrsplanung interessiert, die weder eine Nord-Süd- noch eine Ost-West-Achse vorsah. Doch eine Umsetzung der Pläne über die ersten Nachkriegsmonate hinaus scheiterte an Differenzen zwischen Adenauer und der britischen Militärregierung, die schon im Oktober 1945 zu dessen Absetzung als Oberbürgermeister führten.

Der Wiederaufbau Kölns gestaltete sich in den Folgejahren zu einem Politikum. Denn die Stadtverwaltung arbeitete eng mit der unter den Nationalsozialisten gegründeten sogenannten »Planungs-GmbH« zusammen. Diese erhielt den Auftrag, den Wiederaufbau zu organisieren. Viele ehemalige Mitarbeiter waren dort immer noch in verantwortlichen Positionen tätig. Das führte zu massiven Protesten in der Öffentlichkeit, an denen sich auch Band beteiligte. Gemeinsam mit Kollegen, engagierten Bürgern und Vertretern aus Wirtschaft, Politik, Kunst und Kultur gründete er Ende 1945 die »Gesellschaft der Freunde des Wiederaufbaus der Stadt Köln«. Ihr erklärtes Ziel war die aktive Mitbestimmung in der Phase der Wiederaufbauplanung in Zusammenarbeit mit der für die Stadtplanung zuständigen Stelle, die zu diesem Zeitpunkt bereits in »Wiederaufbau GmbH« umbenannt worden war.

Die neue Gesellschaft hatte Erfolg: Die Stadtverwaltung reagierte, indem sie einen Planungsbeirat ins Leben rief, der mit Karl Band und den Architekten-Kollegen Eugen Blanck und Wilhelm Riphahn besetzt wurde. Ein halbes Jahr später wurde dieser Beirat, der zunächst nur in beratender Funktion tätig war, zur Planungskommission »mit erhöhten Kompetenzen« aufgewertet. Durch seine Aktivitäten bekannt, wurde Band von den Engländern zur ersten Ratssitzung im Januar 1946 als Stadtverordneter berufen. Bis 1961 war er neben seiner umfangreichen Bautätigkeit als Mitglied der CDU in verschiedenen Gremien (Planungs-, Hochbau-, Liegenschafts- und Kulturausschuss) als Stadtverordneter im Rat tätig und bemühte sich auch in dieser Position aktiv um den Wiederaufbau der Stadt. »Seine Stärke war es wohl den befreundeten Stadträten übergreifende Werte zu erklären, die sein universaler Geist, aber auch sein Humor über die kleinlichen Tagesfragen hinaus stets konziliant vermitteln konnte. Pragmatische Reden waren seine Stärke nicht.« So sein Weggefährte Hans Schilling 2001.

Der Kirchenbaumeister Karl Band – sein Einsatz für den Wiederaufbau der Romanischen Kirchen

Vor allem aber Bands Hingabe als Kirchenbaumeister, sein beispielhafter Einsatz für den Erhalt und den Wiederaufbau der Romanischen Kirchen sind es, für die ihm in der Öffentlichkeit große Anerkennung gezollt wird. So umfasst das Oeuvre Bands nahezu 150 Kirchenbauten, wobei sich etwa 100 Kirchen außerhalb Kölns befinden – viele im Kölner Umland, zumeist im Bergischen und in der Eifel. Bei mehr als einem Drittel aller Kirchenbauprojekte, denen Band sich widmete, handelt es sich um Wiederauf- beziehungsweise Erweiterungsbauten. Verschiedene Instandsetzungsmaßnahmen an Kirchen kommen hinzu.

Die Kirchen nehmen in der Stadt einen besonderen Stellenwert ein, legen sie doch deutlich sichtbar Zeugnis ab von der einstigen Größe und Bedeutung Kölns im Mittelalter: »... wesentlich sind aber als Kristallisationspunkte des Wiederaufbaus bzw. der Wiederbesiedlung die schönen, alten Kirchen«, schreibt Band dazu in seiner Denkschrift. »Auf diesen beruht ja letzten Endes der Weltruhm unserer Stadt, des ›hilligen Köln‹.« Hervorzuheben ist hier der Erhalt von nicht weniger als sechs der zwölf Romanischen Kirchen, namentlich St. Andreas, St. Cäcilien & St. Peter, St. Kunibert, St. Maria Lyskirchen, St. Severin und St. Ursula!

Band gestaltete die Krypta und Albertusgruft der Romanischen Kirche St. Andreas neu. Er bemühte sich um den Wiederaufbau beziehungsweise die Umgestaltung von St. Cäcilien zum Schnütgen-Museum, die aufgrund der musealen Nutzung einen ergänzenden modernen Anbau erhielt. Sehr beeindruckend zeugen diese Beispiele von Bands architektonischer Zielvorstellung. Anlässlich seines 90jährigen Geburtstags formulierte der Jubilar es gegenüber dem Kölner Stadt-Anzeiger so: »Ich wollte das Historische erhalten, wenn es erhaltenswert war, aber dem modernen Bau einen gleichwertigen Platz zukommen lassen, ohne dabei die Würde des Alten zu verringern.« Es ist ein Leitgedanke Bands, der sein gesamtes Werk durchzieht. St. Johann Baptist zählt zu den markantesten Beispielen seiner Bauauffassung.

Ein frühes Beispiel der Sakralbaukunst Bands und Zeugnis der Zusammenarbeit mit Endler ist die nach Plänen Bands 1939/40 entstandene katholische Pfarrkirche St. Norbert in Köln-Dellbrück, deren Gestalt sich am Kirchenbau der Frühromanik orientiert. Prägnante Beispiele der Auseinandersetzung mit dem Kirchenbau der Moderne – ohne den Bezug zur mittelalterlichen Tradition zu leugnen – sind die Kirchenneubauten St. Elisabeth in Köln-Mülheim (1951/52), St. Clemens in Köln-Niehl (1962–1964) oder St. Johannes der Evangelist in Köln-Stammheim (1969/70) mit ihrem imposanten, bis zum Boden reichenden Faltdach. Auch Klosteranlagen, in der Kölner Innenstadt zum Beispiel das Kloster der Cellitinnen (Kupfergasse, 1952/53) oder das Dominikanerkloster an St. Andreas (Komödienstr., 1954/55), wurden von Band entworfen und ausgeführt.

Das wohl wichtigste Ziel Bands – neben dem Wiederaufbau aller Kirchen – war es, möglichst schnell genügend Wohnraum im Innenstadtbereich zu schaffen, damit die »Pfarreien lebensfähig« wurden, wie es 1945 in seiner Denkschrift hieß. So bildeten Gemeindebauten sowie Wohn- und Geschäftshäuser einen besonderen Schwerpunkt der von ihm übernommenen Bauaufgaben.

In unmittelbarer Nähe der von ihm wiederaufgebauten beziehungsweise neu errichteten Kirchen entstand eine Vielzahl von Gemeindebauten: Pfarrhäuser für die Gemeinden St. Kunibert (1955), St. Severin (1965), St. Maria in der Kupfergasse (1965/66) oder St. Ursula (1969), darüber hinaus Küsterhäuser (zum Beispiel für die Gemeinde St. Maria in der Kupfergasse, St. Marias Lyskirchen), Kaplaneien (für die Gemeinde Hl. Geist, Köln-Zollstock) oder Kindergärten (für die Gemeinden St. Kunibert 1950–1952, St. Ursula 1953/54, St. Clemens in Köln-Niehl, 1965–1967 oder auch Mitte der 1970er-Jahre für St. Paul in der Kölner Südstadt). Hinzu kamen eine Vielzahl von Jugend- und Altenheimen. In keiner kirchlichen Gemeinde Kölns findet sich jedoch ein derart geschlossen gruppiertes Bauensemble, wie wir es an St. Johann Baptist und der Elendskirche vorfinden.

Linksrheinische Auffahrt zur Severinsbrücke, 15. Juni 1970

Der »Kölsche Vatikan« – die Pfarrinsel um »Zint Jan« als städteplanerischer Gesamtentwurf

Lag die Pfarrei St. Johann Baptist bis zum hohen Mittelalter noch vor den Toren der Stadt, so wurde sie 1106 »eingemeindet« und war an der südlichen Stadtgrenze im Gebiet »Airsbach« zu finden. Im heutigen Verlauf der Straße »An St. Katharinen«, die man im Mittelalter durch den so genannten Katharinenbogen betrat, befand sich die Pfarrinsel und Stadt im Süden begrenzende Befestigung als Graben. Ihr Endpunkt am Rhein war der 1106 erbaute und 1854 abgerissene Nächelskaulturm (siehe die Abbildung des Mercatorplans im Beitrag von Joachim Oepen). Mit der dritten und letzten mittelalterlichen Stadterweiterung ab 1180 und der Stadterweiterung des 19. Jahrhunderts befand sich der Kirchenbezirk nun inmitten von Köln, genauer am Nordrand der südlichen Altstadt. Der Zweite Weltkrieg und die damit verbundene Nachkriegsverkehrsplanung setzten im regen Leben der Pfarrei eine deutliche Zäsur.

Als Karl Band sich Mitte der 1950er-Jahre mit ersten Planungen des Terrains befasste, fand er weite Trümmerflächen vor. Im Schatten der Ruine von St. Johann Baptist, im Volksmund »Zint Jan« genannt, und der bis auf die Grundmauern zerstörten Elendskirche, wo sich einst eine dicht besiedelte Wohnsiedlung befand, hausten nun nur wenige Menschen in einfachen Notunterkünften. Wegen der Bauarbeiten der Severinsbrücke konnten die Wiederaufbaupläne des Terrains jedoch erst Anfang der 1960er-Jahre realisiert werden.

Die Severinsbrücke war der erste Brückenbau gemäß des 1956 von der Stadt Köln beschlossenen Generalverkehrsplans. Vor 50 Jahren (1958/59) wurde er nach Plänen der Kölner Architekten Gerd Lohmer und Fritz Leonhardt verwirklicht. Nach 20-monatiger Bauzeit fand die Einweihung der 8.400 Tonnen schweren Stahlbrücke am 7. November 1959 in Anwesenheit von Oberbürgermeister Theo Burauen und Bundeskanzler Adenauer statt. Die Weihe vollzog Josef Kardinal Frings. Die Brücke verband das Severinsviertel über den Rhein und den Rheinauhafen mit dem rechtsrheinischen Stadtteil Deutz und schlug dabei zugleich eine deutliche Schneise in das bisherige Viertel, in die Pfarrgemeinde.

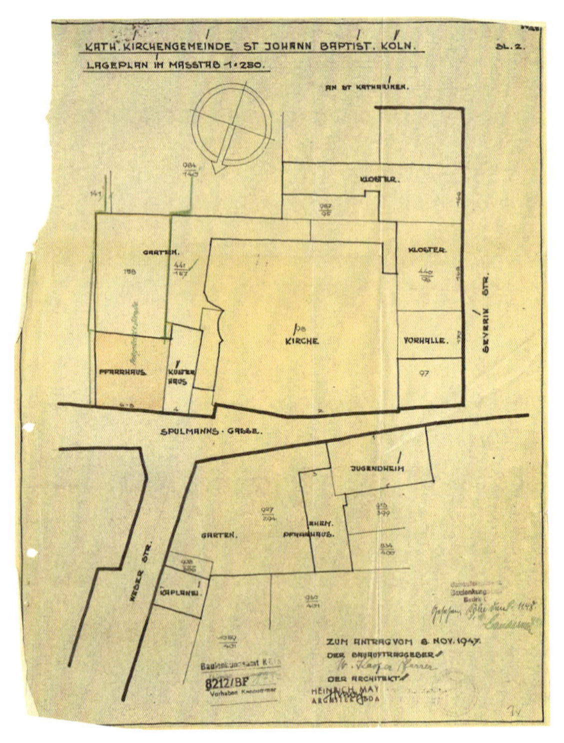

Vorkriegsbebauung um St. Johann Baptist, Lageplan, 1947

Band fand nach der Erbauung der Severinsbrücke zwar eine völlig veränderte städtebauliche Situation vor. Diese begünstigte jedoch die Entstehung der Pfarrinsel. Im Norden war es nun die Spielmannsgasse, unmittelbar an die Brückenrampe grenzend, die den Gebäudekomplex rahmte, im Süden »An St. Katharinen«, im Westen die Severinstraße. Und im Osten begrenzte nun die Auffahrt der Severinsbrücke das Terrain. Die westlich der Auffahrt geschaffene »Arnold-von-Siegen-Straße«, die an den bedeutenden Bürgermeister des 16. Jahrhunderts und großzügigen Sponsor der Kirche erinnert, umschließt es. Im Gegensatz dazu blieb ein Großteil der Grundstücke des durch die Auffahrten abgeschnittenen, bis zum Rhein reichenden östlichen Bezirks entlang der Straße »Im Weichserhof« unbebaut. Als »Filetstück« unmittelbar gegenüber der im Zuge des neuen Rheinauhafen-Areals errichteten Microsoft-Dependance erfährt es aktuell hohe Beachtung und wird erst in den kommenden Jahren seine erste Nachkriegsbebauung erhalten.

Zählte der eigentliche Kirchenbezirk mit seinem großzügigen Platzarrangement bis zur Zerstörung im Zweiten Weltkrieg zu den »reizvollsten Kölner Stadträumen« (Firmenich), so galt es für Band, der sich diesem historischen Erbe verpflichtet fühlte, diesen städtebaulichen Charakter um die wiederaufzubauenden Kirchen St. Johann Baptist und die Elendskirche wieder aufleben zu lassen (siehe die Abbildung des Situationsplans 1550 von Karl Band im Beitrag von Joachim Oepen).

Wie reizvoll allein der Platz vor St. Johann Baptist war, zeigen die Erinnerungen Heinrich Bölls. Als ein Kind Kölns, einer der bedeutendsten deutschen Schriftsteller der Nachkriegszeit und auch aufgrund seines politischen Engagements ist er einer der berühmtesten Kölner Ehrenbürger. Er verbrachte – bis auf einen Abstecher nach Köln-Raderberg in den Jahren 1922 bis 1930 – den Großteil seiner Kindheit und Jugend in der Kölner Südstadt. Sein Schulweg zum Kaiser-Wilhelm-Gymnasium in der Heinrichstraße führte ihn durch die Severinstraße. Im Rückblick schrieb er: »Noch war ich Obertertianer und mein Schulweg wurde noch stiller, und ich musste vorübergehend kopfhängerisch geworden

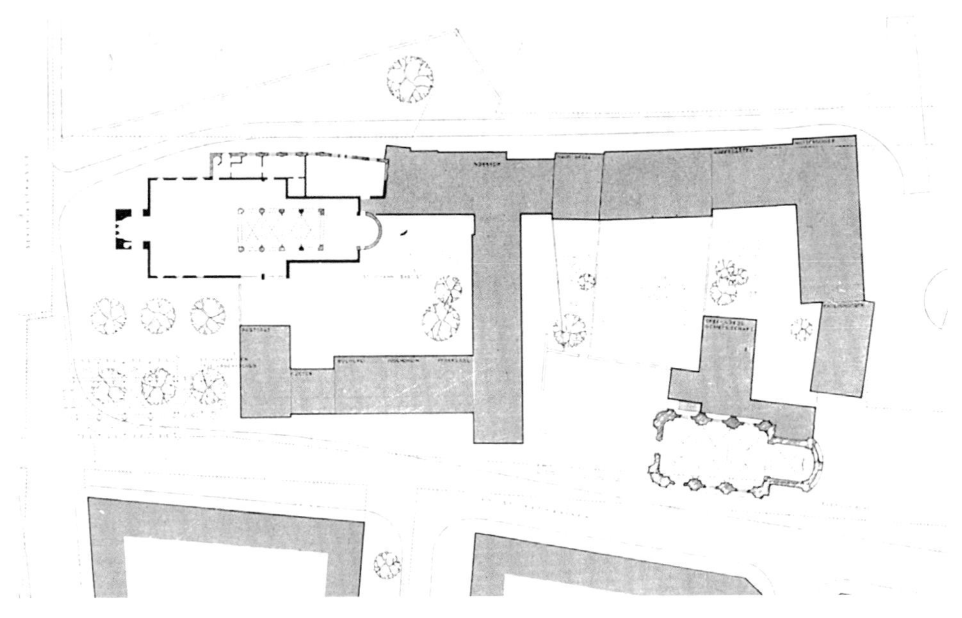

Situationsplan der Pfarrinsel, Zeichnung von Karl Band, um 1955

sein: Mein Vater setzte mir eine Prämie aus, wenn ich ihm 25 Geschäfte zwischen Severinskirche und Perlengraben nenne könnte; ich hob den Kopf wieder und bekam die Prämie; ich hob auch den Kopf, um am ehemaligen Gewerkschaftshaus auf der Severinstraße, nicht weit von der Ecke zum Perlengraben, im Kasten den »Stürmer« zu lesen. Diese Lektüre förderte meine Sympathie für die Nazis nicht. (Heute, ach heute herrscht dort Ödnis, dafür haben der Krieg und die Nord-Süd-Fahrt gesorgt – und gerade dieser kleine Platz vor der Kirche St. Johann-Baptist wimmelte von Leben.)«

Die Bebauung um die beiden Kirchen erfolgte parallel zu deren Wiederaufbau. Diese Aufgabe reizte Band in vielfältiger Hinsicht. Zum einen bestand bereits seit den 1930er-Jahren Kontakt zur Familie von Groote, den Besitzern der Elendskirche, in deren Auftrag er 1937/38 bereits umfangreiche Restaurierungsmaßnahmen an der Kirche durchgeführt hatte. Zum anderen sah Band auf diesem großflächigen Areal die Chance, sowohl seine architektonischen Vorstellungen als auch seine Ideen als Stadtplaner verwirklichen zu können.

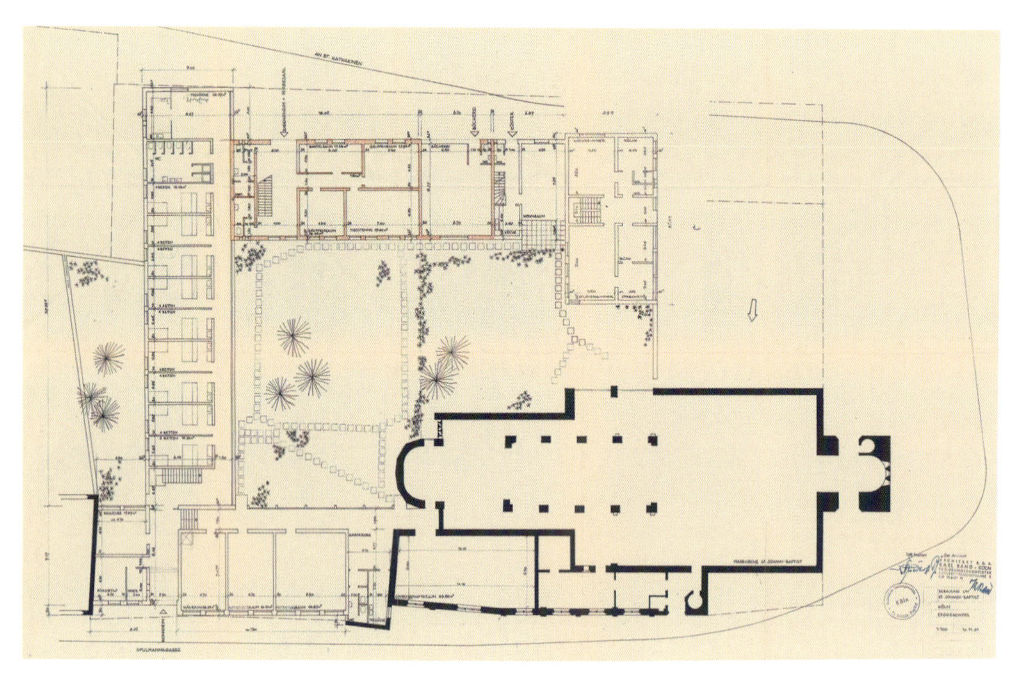

Bebauung um St. Johann Baptist, Grundriss Erdgeschoss, 1961

St. Johann Baptist und seine Bebauung

Bis Ende der 1950er-Jahre lag die architektonische Gesamtkonzeption der Bebauung um St. Johann Baptist vor. Zuvor mussten sich allerdings die Grundstückseigner des Areals, die Katholische Pfarrgemeinde St. Johann Baptist, die Familie von Groote sowie das Säkularinstitut der »Frauen von Schönstatt« über den Tausch zweier Grundstücke im Jahr 1959 einigen. Schließlich ging die Pfarrgemeinde als Eigentümerin der zusammenhängenden Grundstücke um St. Johann Baptist hervor. Auf diese Weise konnten die Gemeindebauten – Pfarr- und Küsterhaus, Bücherei, Jugendheim und Pfarrsaal – im Südwesten und das Teresa-von-Avila-Haus im Nordosten um die Kirche herum konzipiert werden. Sie umschließen einen begrünten Innenhof.

Wo einst die Deutschordenskommende St. Katharina mit gotischer Katharinenkirche (13. Jh.), Krankenhaus und Herberge beheimatet war, der Benediktinerinnenkonvent wirkte und die Franziskanerinnen ab Mitte des 19. Jahrhunderts ihr Domizil hatten (vgl. dazu den Beitrag von Joachim Oepen), setzt Band einen besonderen städteräumlichen Akzent: Entlang der schmalen Severinstraße aus dem Vringsveedel kommend, stößt man unvermittelt auf den großzügigen Platz »An Zint Jan«, der den freien Blick auf den Kirchenneubau mit seinem markanten, in Backstein gefertigten fünfgeschossigen Westturm, bereits 1961 von der Lokalpresse als »neues Wahrzeichen in einem alten Viertel« gewürdigt, zulässt.

Kirche und Pfarrhaus von Süd-westen, 1963

Bands zentrales Thema ist es, »die kostbaren Reste der Vergangenheit zu erhalten, ohne beim Bau der neuen Gebäudeteile historisierende Formen zu wählen« (Habers). Souverän bindet Band die erhaltenen vier Joche des einstigen Langhauses in die zeitgenössische sakrale Architektur des Neubaus ein und hält damit die Erinnerung an Kölner Geschichte wach.

Der Wiederaufbau von St. Johann Baptist hat neben fünf weiteren Bauten Bands bereits in den 1960er-Jahren als herausragende Leistung innerhalb der Aufbauphase Kölns nach dem Zweiten Weltkrieg hohe Anerkennung gefunden: Der Verein »Kölner Architekturpreis«, 1962 zu dem Zweck gegründet, herausragende, seit 1950 im Bezirk Köln entstandene Bauwerke zu prämieren, zeichnete Band mit dem 1968 erstmalig vergebenen Architekturpreis gleich sechsmal aus: Für sein Wohnhaus und Atelier in der Kunibertsklostergasse (Kategorie Wohnbauten), in der Kategorie Kulturbauten für den Wiederaufbau des Gürzenich (1953–1956) und von St. Alban am Gürzenich (1954/55) – beide in Zusammenarbeit mit Rudolf Schwarz. Das Wohn- und Geschäftshaus Osterkorn (Markmannsgasse 5, 1948–1951), das Schnütgen-Museum mit Anbau (1954–1957) sowie die Umbauung von St. Johann Baptist (1960–1963) wurden in der Kategorie Schöpferische Denkmalpflege ausgezeichnet (Näheres zum Wiederaufbau von St. Johann Baptist im Beitrag von Dominik Meiering).

Arnold-von-Siegen-Brunnen, Aufnahme aus dem Jahr 1967

Der Arnold-von-Siegen-Brunnen

Im Mittelpunkt des Platzes »An Zint Jan« prangt der Arnold-von-Siegen-Brunnen, 1966 von Elisabeth Baumeister-Bühler (1912–2000) geschaffen, die als erste in der Dombauhütte arbeitende Frau Furore machte. Er erinnert an die einst im Veedel ansässigen Weber und insbesondere an den gleichnamigen wohl wichtigsten Kölner Bürgermeister des 16. Jahrhunderts. Der ehemals wohlhabende Tuchhändler lenkte 35 Jahre als Bürgermeister die Geschicke der Stadt. Dabei bewegte er sich auch erfolgreich auf internationalem Parkett und unterhielt intensiven Kontakt zu Kaiser Karl V., der ihn auch in Köln aufsuchte. Arnold von Siegen wohnte mit seiner Familie in einem feudalen Anwesen am Holzmarkt, das so groß war, dass er problemlos dem Kaiser und seinem Gefolge Quartier bieten konnte. Sein Haus lag unweit seiner Pfarrkirche, die er mit großzügigen Stiftungen bedachte, und in der er im Übrigen auch bestattet wurde.

Elisabeth Baumeister-Bühler nahm bei der Gestaltung des Brunnens Bezug auf das Familienwappen der Familie von Siegen: Sieben schräg übereinandergesetzte und sich nach oben verjüngende Bronze-Schiffchen, in Anspielung auf die einst im Veedel ansässigen Weber, spiegeln die Zickzack-Struktur des Wappens wieder. Die Schiffchen lenken das Wasser in eine Steinschale, auf dessen Rand sich die Inschrift »Arnold von Siegen (1484–1569)« befindet. Am 11. Mai 1967 fand die Einweihung des Brunnens statt.

Das Pfarrhaus

(einst Severinstraße 168, seit 1963: An Zint Jan 1)

Das 1962 fertiggestellte Pfarrhaus schließt den Kirchplatz im Westen ab. Als erster Pfarrer bezog Karl August Bruno Friedhoff 1963 sein neues Domizil. Der zweigeschossige, mit einem Satteldach versehene Backsteinbau, dessen Höhe sich an der Dachtraufe des Kirchenneubaus orientiert, öffnet sich in voller Länge zum Platz hin. Wie Vorentwürfe Bands belegen – sie zeigen ein Pfarrhaus unmittelbar an St. Johann Baptist gebaut –, ist die Lage des Pfarrhauses bewusst in Abstand zur Kirche gewählt. Nun verband eine Einfriedungsmauer mit Zugang zum dahinterliegenden Garten die Kirche mit dem Pfarrhaus. Auf diese Weise sollte nicht nur der uneingeschränkte Blick auf die aus der Umbauung in Backsteinmauerwerk herausragenden vier Joche des erhaltenen romanischen Langhaustorsos, sondern auch auf die beiden hochrechteckigen, fast bis zur Traufe der Kirche reichenden Fensterbänder möglich sein.

Figurenkonsole aus Naturstein am Hauseingang des Pfarrhauses

Nach einem Einbruch in die Kirche im Jahr 1984 ist die Einfriedungsmauer, die ursprünglich dem Pfarrhaus vorgelagert war und bis zum Eingang und nur in Höhe des Erdgeschoss-Fensterbandes reichte, aus Sicherheitsgründen erneuert worden. Nun ist sie deutlich erhöht und zwischen Kirche und Pfarrhaus eingespannt.

Es ist nicht zuletzt ein Tribut an den Verkehrslärm der stark befahrenen Severinstraße, aber sicher auch, um einen geschützten Büroraum im Innern zu wahren, dass die nördlichen Erdgeschossräume des Backsteinbaus durch ein schmales, in Sichtbeton gerahmtes Fensterband belichtet werden. Selbst das Vordach, das gleichfalls als Unterbau des darüberliegenden Balkons des Obergeschosses fungiert, ist in die Fenstergliederung eingebunden. Der in Backstein und Sichtbeton gefertigte Balkon belebt die flächige Fassade plastisch.

Weitere Details entspringen der großen Sammelleidenschaft Bands: Nicht nur, dass Band, der ein großes Faible für die antiken Relikten Kölns und Triers aber auch für römische Dichter hatte und in seiner Freizeit gerne spätrömische Dichtungen übersetzte, römische Münzen sammelte. Auch Architekturfragmente als Zeugnisse der Vergangenheit – wie die am Eingang des Pfarrhauses ins Mauerwerk eingebaute Figurenkonsole, die Steinplastik einer hockenden, das Vordach »schulternden« Frau – bedeuteten Band viel.

Band erwarb Architekturfragmente aus Kirchen oder Bürgerhäusern. Einst achtlos bei Umbaumaßnahmen weggeworfen oder sich in Trümmersteinen wiederfindend, integrierte Band diese in seine Bauten – sie finden sich sowohl am Außenbau wie auch im Innern. Er nutzte die klare und sachliche Gestaltung seiner Bauten, um sie in einem Rahmen zu präsentieren, der ihnen würdig ist, und um gleichsam die Erinnerung an Kölner Tradition zu bewahren. Prominentes Beispiel ist sein Wohnhaus und Atelier in der Kunibertsklostergasse 3, das bis Ende 2007 das Architekturbüro Band beherbergte (heute befindet sich das Nachfolgebüro in Köln-Kalk, Dillenburger Str. 93). Im Bandschen Haus sind zum Beispiel im Eingangsbereich gleich zwei Grinköpfe zu finden – ein für Köln typischer, mittelalterlicher Fassadenschmuck. Im Hausflur stößt der Betrachter auf ein Architekturfragment aus dem 14. Jahrhundert, das ursprünglich die Rückseite des Hochaltars des Kölner Doms schmückte, 1777 abgerissen wurde und in den Besitz der Familie Band gelangte. Im Entrée seines Ateliers fallen vier in das Mauerwerk eingebaute Kapitelle auf, die sich ursprünglich im 1843 niedergelegten, romanischen Kreuzgang der Kirche St. Andreas befanden (aus dem Nachlass seines Großvaters Michael Welter). In einem kleinen, dem Atelier angrenzenden, liebevoll als »Kapellchen« bezeichneten Raum, rahmen Renaissance-Fensterpfosten bleiverglaste Fenster mit eingelassenen Bruchstücken historischer Kirchenverglasung. Ein Hauch der »Atmosphäre der alten Stadt« (Habers) trug Band damit nicht nur in sein Haus, sondern auch an viele Stellen der Stadt – so auch im Falle St. Johann Baptists. Leider ist der Fundort der hockenden Frau aus Naturstein, die interessiert das stetige Treiben rund ums Pfarrhaus zu beobachten scheint, nicht bekannt. Möglicherweise stammt sie aus den Trümmern der Kirche St. Johann Baptist, vielleicht aber auch aus einem zerstörten barocken Baudenkmal.

Kirche und neues Küsterhaus von Südosten, 1962

Das Küster- und das Gemeindehaus (An St. Katharinen 1–5)

Entlang der Straße »An St. Katharinen« schließen sich im Süden der Kirche die weiteren Gemeindebauten an: das Küsterhaus »An St. Katharinen 1« und das Gemeindehaus »An St. Katharinen 3–5« mit Pfarrbücherei, Jugendheim und Pfarrsaal. Im rechten Winkel zum Pfarrhaus gelegen, wird dieser Baukörper durch die Südfassaden von Pfarrhaus und Teresa-von-Avila-Haus (Wohntrakt des Hauses) gerahmt. Die terrassenartige Anordnung der Gebäudeteile und ihre zwei- bis dreigeschossige Bebauung erlauben einen nahezu freien Blick zur Elendskirche.

Pfarrbücherei, Innenansicht, 1964

Als erster Bewohner des Küsterhauses zog Heinrich Grothoff im Januar 1963 in seine neue Dienstwohnung. Nach nur neun Monaten Bauzeit war das Gemeindehaus im Juli 1963 bezugsfertig. Im Erdgeschoss befanden sich die Bücherei, drei Jugendräume und ein Zimmer für die Pfarrschwester. Im ersten Obergeschoss bot der Pfarrsaal 250 Personen Platz. Die am 19. Januar 1964 eingeweihte und eröffnete Pfarrbücherei war bis zur Neuordnung der Gemeindebezirke und der damit verbundenen Zugehörigkeit zu St. Severin im Jahr 2001 ein Treffpunkt für Kinder und Jugendliche der Gemeinde. Die Bücher wurden zum Großteil der Pfarrei St. Severin vermacht, viele verschenkt, wie Schwester Marietheresis berichtete.

Bebauung der Spielmannsgasse von Nordosten, um 1965

Der gesamte, einheitlich in rotem Backsteinmauerwerk mit Sichtbetonelementen konzipierte zwei- und dreigeschossige Gebäudekomplex besticht durch seine schlichte und zurückhaltende Gestaltung. Es dominiert die Wandfläche – mit Blick auf den leicht abschüssigen Platz »An Zint Jan« und die Südfassade des Pfarrhauses mit nahezu geschlossener Backsteinfassade ist dieses durchaus Halt gebend. In der Spielmannsgasse befindet sich die nördlich abschließende Bebauung von St. Johann Baptist.

Die Spielmannsgasse

Wie einschneidend die Spuren des Krieges und die Nachkriegsverkehrsplanung bis heute erfahrbar sind, lässt sich kaum beeindruckender nachempfinden als an der Pfarrinsel »Zint Jan«, insbesondere bei Betreten der Spielmannsgasse. Sie werden hier ähnlich intensiv vor Augen geführt wie zum Beispiel in der durch die Nord-Süd-Fahrt zerrissenen Straße

»Unter Krahnenbäumen« im Eigelsteinviertel. Die linke Häuserzeile ist der Brückenrampe gewichen. Stattdessen erhebt sich die monumentale Figur des Heiligen Severin, über dessen Aufstellung Ende der 1950er-Jahre heftig diskutiert wurde. Die Pfarrgemeinde St. Severin hatte angeregt, die Tradition der Brückenheiligen aufzunehmen und eine Severinus-Plastik in Erinnerung an den Bischof von Köln und Patron der romanischen Kirche des Veedels an der Rampe aufzustellen. Einige Protestanten verwarfen diese Idee als »abartige Reklameidee«, wie es im Sonntagsblatt »Der Weg« hieß. Trotz der Widerstände fand die von Elmar Hillebrand gestaltete Plastik des stehenden Severin, der in seiner rechten den Bischofsstab und seine linke Hand segnend über den Verkehr hält, 1964 dann doch hier ihren Platz.

Unweit der Plastik erinnert der erhöht stehende und in Mauerwerk eingefasste Baum an die alte Straßenführung. Er stand einst im Garten des ehemaligen Pfarrhauses an der Weggabelung Weberstraße/Ecke Spielmannsgasse.

Während der Franzosenzeit wurde die Straße 1808 in »Rue de Bobineurs« (Straße der Garnspulmacher) umbenannt, aus der die deutsche Bezeichnung »Spulmannsgasse« hervorging. Eine Namensgebung, die Ferdinand Franz Wallraf, seinerzeit Rektor der Kölner Universität, irrtümlich in Anlehnung an die im Viertel lebenden Weber initiierte. 168 Jahre hatte dieser Irrtum Bestand. Erst im Juni 1976 erhielt die Straße auf Initiative des Veedelvereins »Spielmannsgasser Junge« ihren ursprünglichen Namen zurück. Es ist der Verdienst des Veedelvereins, die Erinnerungen wach zu halten. Viele ehemalige Anwohner mussten aus dem zerstörten Viertel nach dem Krieg in andere Kölner Veedel ziehen. Ihnen, aber auch ihren Nachkommen, den heutigen Bewohnern sowie den Interessierten des Veedels, bietet der Verein bis heute eine Heimat. Die Mitglieder des Vereins veranstalten nicht nur die Kirmes, sondern sind aktive Teilnehmer an den Schull- un Veedelszöch, bieten monatliche Treffen und Aktivitäten an. Legendär ist der seit 1955 jährlich stattfindende Kaffeeklatsch »für die Ahle us der Spillmannsgass«. Auf Initiative des Vereins wurde in der Dombauhütte ein Gedenkstein mit einer Inschrift gefertigt und in die Wand des rekonstruierten Küsterhauses eingelassen (vgl. dazu den Beitrag von Joachim Oepen).“ Die feierliche Einweihung fand am 15. Oktober 1955 im Beisein von Oberbürgermeister Theo Burauen statt.

Das Teresa-von-Avila-Haus *(Spielmannsgasse 4–10)*

Mit der Errichtung des am 10. März 1965 offiziell eröffneten Teresa-von-Avila-Hauses wurde die letzte Baulücke der Pfarrinsel geschlossen. Auftraggeber war der Verein Katholischer Mädchenschutz e. V., ein Fachverband des Caritasverbandes (seit 1969 IN VIA Verband Katholischer Mädchensozialarbeit, ab 2005 umfirmiert in IN VIA – Katholischer Verband für Mädchen- und Frauensozialarbeit). Band erhielt den Auftrag, ein »Spanierinnen-Wohnheim« zu konzipieren, das Platz für 90 sogenannte Gastarbeiterinnen bieten sollte. Händeringend wurden Arbeitnehmerinnen für die karikativen Bereiche gesucht.

Vor dem Zweiten Weltkrieg: St. Johann Baptist von der Weberstraße aus gesehen

Was fand Karl Band vor? Sämtliche Vorkriegsgebäude des Grundstückes – das Küsterhaus, Spulmannsgasse 4, der Kinderhort, Spulmannsgasse 6–8 und das Wohn- und Geschäftshaus Nr. 10–12 – waren durch Bomben zerstört. 1952 hatte die Pfarrgemeinde das Küsterhaus unter Architekt Wilhelm Hartmann provisorisch wieder errichten lassen, ebenso ein neues Pfarrhaus in der Spulmannsgasse 6–8. Allein die spätgotische Kreuzigungsgruppe vom Beginn des 16. Jahrhunderts, die sich vor der Kriegszerstörung am sogenannten Eselsrücken des alten Küsterhauses befand, hatte den Krieg überdauert. Für Band war es selbstverständlich, sich beim Wiederaufbau an dieser Kreuzigungsgruppe zu orientieren. Er setzte sich daher mit Beginn der Planung für die Rekonstruktion der Fas-

Altes Küsterhaus nach dem Zweiten Weltkrieg, 1958

sade des alten Küsterhauses und die Beibehaltung der historischen Kreuzigungsgruppe an ursprünglicher Stelle ein. Zugleich plante Band das nördliche Joch des erhaltenen nördlichen gotischen Seitenschiffs von St. Johann Baptist für das Teresa-von-Avila-Haus ein. So präsentiert sich das von 1962 bis 1964 errichtete Gebäude dem Betrachter aufgrund der unterschiedlichen Baukörper und Gebäudefluchten von außen mit vier voneinander unabhängigen Gebäudeteilen.

Im verbleibenden östlichen Joch des nördlichen Seitenschiffs wurde der Gemeinschaftsraum des Wohnheims eingerichtet. Der übrige Bereich diente als Sakristei und Paramentenkammer (vgl. dazu den Beitrag von Dominik Meiering). Das weitgehend erhaltene nördliche Seitenschiff war nach dem Krieg Bestandteil der von Architekt Heinrich May 1947/48 errichteten Notkirche. Auf Initiative Bands erhielt die nördliche Seitenschiffwand Mitte der 1960er-Jahre wieder ihr Vorkriegsgesicht: Die im Rahmen der Instandsetzungsarbeiten (ab 1952) eingesetzten längsrechteckigen, schmalen, mit Rundbogen abschließenden neugotischen Fenster wurden zugunsten der Rekonstruktion der einst vorhandenen Maßwerkfenster mit Bleiverglasung aufgegeben. Lag zunächst die alleinige Nutzung des dort eingerichteten Arnold-von-Siegen-Saals bei den Bewohnerinnen des Hauses, so wird er seit Beendigung des Umbau 2009 gemeinschaftlich von den Bewohnerinnen des Teresa-von-Avila-Hauses und vom Jugendpastoralen Zentrum CRUX genutzt.

Auf dem Grundstück Spielmannsgasse 4 wurde der westliche Gebäudeteil des ehemaligen, aus dem 16. Jahrhundert stammenden Küsterhaus in seiner ursprünglichen Form rekonstruiert. Das schmale, mit dem Giebel zur Straße gelegene Haus tritt deutlich aus der Gebäudeflucht hervor und hebt sich mit seinem kielbogigen Schieferdach, der hell verputzten Fassade und auch durch seine Höhe markant von der übrigen Bebauung der Häuserzeile ab. Eine Nische nimmt die Kreuzigungsgruppe auf.

Küsterhaus mit Seitenschiff, Mitte 1970er

Teresa-von-Avila-Haus und Haus Regia, 1985

Ursprünglich waren dem Kruzifix aus Bamberger Sandstein Maria und Johannes als Begleitpersonen zur Seite gestellt. 1962 wurde die etwa 1,50 Meter große Marienfigur aus dem Rathaus gestohlen, wo sich die Kreuzigungsgruppe zwecks Restaurierung in der Bildhauerwerkstatt Eduard Schmitz befand. Die Marienfigur wurde zwar gefunden, doch danach fanden die Figuren von Maria und Johannes aus Sicherheitsgründen einen Platz innerhalb der Kirche. Jesus bleibt allein.

Unmittelbar angrenzend setzte Band mit der Bebauung des östlichen Gebäudeteils des einstigen Küsterhauses ein modernes Gegengewicht zum historisierenden Wiederaufbau: Ein zweieinhalbgeschossiger Bau mit grauer Sichtbetonfassade und in drei Achsen symmetrisch angeordneter Fenstergliederung markiert den Übergang zur weiteren Bebauung der Häuserzeile. Der Gebäudeabschluss ist auffällig: Dieser Gebäudeteil erhielt ein Satteldach, das zur Fassade hin abgewalmt mit Moselschiefer-Platten in altdeutscher Deckung sichtbar wird. Es mündet in das das gesamte Gebäude abschließende Satteldach. Damit griff Band die städtebauliche Tradition der Kölner Altstadt auf, in der diese Dachform dominiert. Gleichzeitig ist es eine Reminiszenz an den ursprünglichen Stufengiebel des einstigen östlichen Küsterhauses.

Wohntrakt des Teresa-von-Avila-Hauses, Ansicht von Osten, mit Eingangstor zum Atrium der Elendskirche, um 1965

Die beiden übrigen Gebäudeteile des Teresa-von-Avila-Hauses (Grundstücke Spielmannsgasse 6–8 und 10) weisen mit ihren Backsteinfassaden und Sichtbetonelementen die Gestaltungselemente der Gemeindebauten auf.

Vom Eingangsbereich des Hauses (ehemalige Spielmannsgasse 10), der gegenüber der Häuserzeile deutlich zurückgesetzt liegt, sind sämtliche Gebäudeteile im Innern des Hauses zugänglich. Das Haus ist in Winkelform angelegt. Während zur Straße hin die gemeinschaftlich genutzten Räume – wie Bäder im Keller, Büros, Gruppenräume – im Erdgeschoss und Studierzimmer, Küche mit »Refektorium« (Speisesaal) im ersten Obergeschoss liegen, befinden sich die Zimmer der jungen Frauen im dreigeschossigen Wohntrakt im hinteren Bereich des Hauses, im rechten Winkel zur Hausfront. Als Querriegel trennt dieser Baukörper im Inneren des Baublocks die Bebauung um St. Johann Baptist von der der Elendskirche.

Heute präsentiert sich das Haus als ein internationales Jugendwohnheim für Mädchen und junge Frauen mit sozialpädagogischer Betreuung. Waren es zunächst 90 Plätze für Gastarbeiterinnen, so standen nach einer ersten Renovierung im Jahr 1989 noch 60 und aktuell, nach der 2006 erfolgten Sanierung, noch 46 Plätze zur Verfügung. Mit der letzten Sanierung wurden in erster Linie Mehrbettzimmer aufgegeben und Einzelzimmer mit jeweils eigenem Bad geschaffen. Seit seiner Eröffnung im Oktober 1964 hat es bis heute weit über 1.400 junge Frauen im Alter von 16 bis 27 Jahren eine Herberge geboten. Die Bewohnerinnen kommen aus der ganzen Welt, wobei etwa ein Drittel Deutsche sind. Sie absolvieren eine Ausbildung, besuchen eine Schule oder einen Sprachkurs. Bis zu drei Jahre können sie in der Einrichtung bleiben. Individuelle Förderung auf ihren Weg in die

Selbstständigkeit mit besonderem Blick auf respektvollen interkulturellen Umgang miteinander erhalten die jungen Frauen durch ein tatkräftiges Team von fünf hauptamtlichen Mitarbeitern, Praktikanten, Honorarkräften sowie ehrenamtlichen Helfern. Treffpunkt für alle ist das im Erdgeschoss eingerichtete und frei zugängliche Internetcafé »IN VIA international«.

Mit der Gestaltung des Teresa-von-Avila-Hauses zeigen sich zwei wichtige Facetten der Bandschen Architekturauffassung, die bei der Betrachtung seiner Bauten immer wieder deutlich werden:

Zum einen die städtebauliche Einbindung seiner Bauten. Band hat beim Aufbau des Teresa-von-Avila-Hauses die städtebauliche Situation der einstigen Spielmannsgasse nicht außer Acht gelassen. Durch die unterschiedliche Fassadengestaltung der Gebäudeteile nahm Band die ehemalige Parzellierung der Spielmannsgasse auf und erinnerte damit an die für die Straße charakteristische Wohnbebauung der Vorkriegszeit. Beide Aspekte führen dazu, dass wir es Band verdanken, bei Betreten der Spielmannsgasse mit Blick auf das Teresa-von-Avila-Haus und bei der Nordansicht von St. Johann Baptist die Atmosphäre des mittelalterlichen Kölns spüren zu können (siehe die Abbildung der Nordansicht von St. Johann Baptist mit dem hl. Severin im Beitrag von Dominik Meiering).

Zum anderen erleben wir Band hier erneut als Vermittler zwischen Alt und Neu. Wie selbstverständlich fügen sich die modernen Bauten Bands mit historischen Baukörpern zu einer Einheit. Das bewusste Gestalten durch Materialkontraste der im Rheinland typischen Materialien wie Naturstein (Michelnauer Tuff und Basalt) oder roten Backsteinen, effektvoll in Kontrast zu den Materialien Sichtbeton und Glas gesetzt, und ein geradezu spannungsvolles Verhältnis von Mauer- und Fensterflächen ermöglichen diesen einzigartigen Zusammenklang.

Der Erzdiözesanbaumeister Josef Rüvenauer würdigte 1995 in der Kirchenzeitung des Erzbistums Köln das Bandsche Bauen treffend: »Er gab sich nie mit der reinen Rekonstruktion zufrieden, sondern verstand sich als ein schöpferischer Denkmalpfleger, der die Narben der Wunden als ein unauslöschliches geschichtliches Zeugnis annahm, wie er die bewusst gesetzten zeitgenössischen Veränderungen und Ergänzungen als lebendiges geschichtliches Wachsen ... definierte.«

Haus Regia *(Spielmannsgasse 12)*

In Haus Nr. 12 der Spielmannsgasse treffen wir auf das Säkularinstitut der »Frauen von Schönstatt«. Die »Frauen von Schönstatt« sind wie die Schönstätter Marienschwestern Teil der Schönstattbewegung und bilden seit 1938 ein eigenes Säkularinstitut. Sie leben ebenso wie die Schönstatt-Schwestern nach den »evangelischen Räten« (Empfehlungen des Evangeliums) – Gehorsam, Jungfräulichkeit und Armut –, unterscheiden sich aber in ihrer Organisation und Lebensform von ihnen. Jedes Mitglied des Instituts wirkt im Einzelnen, eine gemeinschaftliche Tracht gibt es nicht. Beiden gemein ist die starke Marienfrömmigkeit.

1959 erhielten die »Frauen von Schönstatt« von der Pfarrgemeinde St. Johann Baptist das Grundstück im Tausch mit dem Nachbargrundstück (heute: Spielmannsgasse 10) und beauftragten Band mit der Planung des Regiohauses »Sancta Regia«, bekannt unter dem Namen »Haus Regia«. Als Stammsitz für die »Frauen von Schönstatt« der Region Köln-Aachen ist es ihr Zuhause und bietet ihnen in unmittelbarer Nähe zum Schönstadtheiligtum die Möglichkeit des gemeinschaftlichen Austausches. Über den hinter ihrem Haus gelegenen Garten gelangen sie durch eine kleine Pforte direkt auf den Vorplatz der Kapelle.

Das von 1960 bis 1961 erbaute Haus steht mit identischer Firsthöhe und Satteldach in direktem baulichen Zusammenhang zum Teresa-von-Avila-Haus und weist als Bestandteil der einheitlich geschlossenen architektonischen Konzeption der Pfarrinsel die gleichen Gestaltungsmerkmale auf.

Das Haus Borsari *(Spielmannsgasse 14)*

Auffällig durch das verwendete gelbe Ziegelsteinmauerwerk, aber in seinen Dimensionen vollkommen eingebunden in die Gesamtkonzeption Bands, ist das einzige Privathaus innerhalb der Pfarrinsel. Das Haus Borsari war bereits 1960 als erstes Haus auf dem gesamten Terrain fertiggestellt worden. Es ist das einzige private Wohnhaus innerhalb der Pfarrinsel. An dieser Stelle, so der Sohn des einstigen Bauherrn Johannes Peter Borsari und seine Frau Marlies, hatte seine Großmutter Elisabeth Domgörgen, verheiratet mit dem Hufschmiedemeister Johann, eine Wäscherei betrieben. Das viergeschossige Hinterhaus sei durch den Bombenangriff am 29. Juni 1943 ebenfalls dem Erdboden gleichgemacht worden. Bereits aus der Kriegsgefangenschaft heraus schmiedete der Vater Pläne, sich mit einer Malerwerkstatt selbstständig zu machen, und er forcierte einen erweiterten Grundstücksankauf im Jahr 1947. Mit seiner Rückkehr setzte Borsari sein Vorhaben in die Tat um. Zunächst diente eine Baracke im Hinterhof als provisorische Wohnung, und zwei Werkstätten wurden errichtet. Die ehemaligen Werkstätten werden seit der Aufgabe der Firma 1980 als Wohnungen genutzt. Heute befindet sich das Haus nicht mehr in Besitz der Familie. Johann Borsari sen. wie jun., der seine Arbeit im Familienbetrieb 1952 aufgenommen hatte, und Band verband eine langjährige berufliche Zusammenarbeit. Für eine Vielzahl von Projekten Bands führten sie Malerarbeiten aus.

Die Westfassade der Elendskirche, 1998

Die Elendskirche und ihre Bebauung

Im Schatten von St. Johann Baptist liegt ein wenig abseits der Severinstraße »An St. Katharinen 5« ein besonderes Kleinod des Severinsviertels, die von Groote'sche Familienkirche St. Gregorius im Elend, besser bekannt als Elendskirche. Betritt man den Innenhof der St. Gregor dem Großen geweihten Kirche durch das schmiedeeiserne, aus dem ehemaligen, im Zweiten Weltkrieg zerstörten Spanischen Bau des Rathauses stammende Tor (1829), erreicht man eine Oase der Ruhe. Eine Bank lädt zum Verweilen ein. Umgeben von alten und mittlerweile stark efeubewachsenen Einfriedungsmauern, kann man hier – abgeschieden vom turbulenten Treiben im Veedel – den Blick auf die Westfassade des barocken Kleinods genießen. Einige Grabsteine verweisen auf den dort einst bestehenden Elendenfriedhof, der der Kirche ihren Namen gegeben hat (vgl. dazu den Beitrag von Joachim Oepen). An der Umfriedungsmauer erinnern von Eduard Schmitz in den 1950er-Jahren gestaltete Gedenkplatten aus Basaltlava an zwei bedeutende Kölner: Joost van den Vondel und Adam Schall von Bell. Aus gleich zwei Gründen ist die Elendskirche für Köln von besonderem Wert: Zum einen zählt sie zu den wenigen noch erhaltenen, im Stil des rheinischen Spätbarocks errichteten Kirchen der Stadt. Zum anderen ist sie die einzige von ehemals 30 Kölner Privatkirchen, die sich in Familienbesitz befindet. Daher lohnt sich ein kurzer Blick auf ihre Baugeschichte.

Die Elendskirche

Die erste 1678 von Jacob von Groote erbaute Kapelle war nach fast 90 Jahren baufällig geworden und wurde durch die heutige Kirche ersetzt, die in den Jahren 1764 bis 1771 von den Brüdern Everhard von Groote, Kanoniker an St. Maria im Kapitol und St. Gereon, und dem Bürgermeister Franz Jakob Gabriel von Groote in Auftrag gegeben wurde. Der Neubau, ein einschiffiger, dreiachsiger Saalbau mit eingezogenem Chor, abgerundeten Ecken und einem westlichen Dachreiter über hohem Walmdach, wurde nach dem Entwurf des Bildhauers und Architekten Balthasar Spaeth errichtet. Die Bauleitung übernahm der Maurermeister Heinrich Michael Krahkamp. Es war Kölns letzter Sakralbau vor dem Einmarsch der Franzosen und dem Ende der reichsstädtischen Zeit im Jahre 1794.

Das Stiftungsmotiv findet sich in der Familiengeschichte. Die Stifterfamilie von Groote hat das Flüchtlingsschicksal am eigenen Leib erfahren: 1580 in den Niederlanden als katholische Christen verfolgt, floh die Familie nach Köln. Hier konnte sie sich in kurzer Zeit etablieren, wirtschaftlichen Erfolg erzielen und hohes Ansehen erlangen. Sie brachte Professoren hervor, stellte Bürgermeister und Kirchenmänner. Im Gedenken an ihre Vorfahren, aber auch als Dank für ihren eigenen Erfolg, ließ die Familie nicht nur die Elendskirche errichten. Von Grootes zeigten darüber hinaus hohes soziales Engagement durch verschiedene Stiftungen zugunsten Kölner Kirchen, die Finanzierung der Einrichtung zweier theologischer Lehrstühle oder die Betätigung bei Errichtung der Armenverwaltung.

Elendskirche, Innenansicht nach Westen, 1947

Elendskirche, Ansicht von Nordosten, 1955

Elendskirche, Innerenansicht nach Westen, 1987

Gemäß der Stiftungsidee finden bis heute in der Elendskirche katholische Gottesdienste für Minderheiten statt. Früher zumeist für Spanier und Tschechen, heute für osteuropäische Katholiken, überwiegend Serben und Rumänen. Der Wunsch der Stifterfamilie ist es, die Elendskirche als Hort für ausländische Minderheiten und Randgruppen noch weitaus mehr zu öffnen, als es bisher der Fall ist. Nur zu Allerheiligen gehört die Kirche ausschließlich der Familie von Groote, die sich an diesem Tag, aber auch zu verschiedenen anderen Familienfeierlichkeiten hier zum Gottesdienst trifft.

Die Elendskirche erlitt im Zweiten Weltkrieg schwerste Schäden. Der Dachstuhl und ein Großteil der Inneneinrichtung fielen dem Bombenhagel vom 29. Juni 1943 zum Opfer. Nur die Außenmauern blieben stehen. Unter großen finanziellen Anstrengungen der damaligen Provisoren Eberhard von Groote und Wilderich, dann später Cornelius Geyr von Schweppenburg, konnte die Kirche mit ergänzenden Mitteln des Erzbistums, des Landes- und des Stadtkonservators wiederaufgebaut werden. Mit der Bauleitung wurde Karl Band betraut. Er führte den Wiederaufbau der Kirche in den Jahren 1952/53 bis 1967 durch.

1953 wurde zunächst der Dachstuhl in seiner ursprünglichen Form wieder aufgesetzt. Der schlichte Außenbau, sparsam gegliedert durch ein hohes, glattes Sockelgeschoss und mit tiefen Fensternischen zwischen Pilastern, erhielt in den Folgejahren ebenso seine ursprüngliche Form wie die aufwendig gestaltete übergiebelte Westfassade. Dem roten Backsteinbau vorgelegt findet sich hier, in einer großen Rundbogennische eingestellt, ein Sandstein-Portal mit bekrönendem Relief. Das Relief überrascht durch eine eindringliche »Memento Mori«-Darstellung: Der Tod triumphiert über offenem Sarg sogar über Päpste und Heilige. Als Mahnung an die menschliche Sterblichkeit ein unübersehbarer Hinweis auf den ursprünglichen Friedhof an dieser Stelle. Das Arrangement wird durch drei Emblemgehänge mit kirchlichem Gerät ergänzt, einem großen hoch oben in der Rundbogennische und zwei kleine an den abgerundeten Ecken der Fassade.

Im Innern erhielt die Kirche unter Band ihr ursprüngliches Tonnengewölbe zurück. Der Saalbau wurde nach dem Verlust der barocken Ausmalung weiß verputzt. Bei der Instandsetzung des Innenraums verzichtete man auf die Empore, die Rekonstruktion der Kanzel sowie der zierlichen Loge der Familie von Groote, die sich ursprünglich an der nördlichen Chorlangseite befand. Auch die Everhardus-Kapelle, einst an der Südseite des Chores, wurde – aus verkehrstechnischen Gründen – nicht wiederaufgebaut. Seit Sommer 1984 ist der Grundriss der Kapelle auf dem Bürgersteig durch schwarze, von einem schmalen, hellen Granitband eingefasste Basaltpflastersteine am ehemaligen Standort sichtbar. Von der Ausstattung des 18. Jahrhunderts sind lediglich die im Krieg beschädigten drei marmornen Altäre mit Teilen ihres plastischen Schmucks, die Kommunionbank sowie die Lavabo- und Weihwasserbecken erhalten. Erneuert wurde der Fußboden aus schwarzen und weißen Marmorplatten. Mit Blick auf den erhaltenen Altar, der die christliche

Vorstellung der Auferstehung symbolisiert, wird der am Außenbau dargestellte scheinbare Sieg des Todes im Innern der Kirche überwunden.

In dieser Form wiederhergestellt, bot die Elendskirche in der Zeit des Wiederaufbaus der Pfarrkirche St. Johann Baptist der Pfarrgemeinde für zwei Jahre, von 1961 bis 1963, ein Notquartier. Am 12. März 1967 fanden die Wiederaufbaumaßnahmen unter Band mit der feierlichen Konsekration durch Kardinal Frings ihren Abschluss.

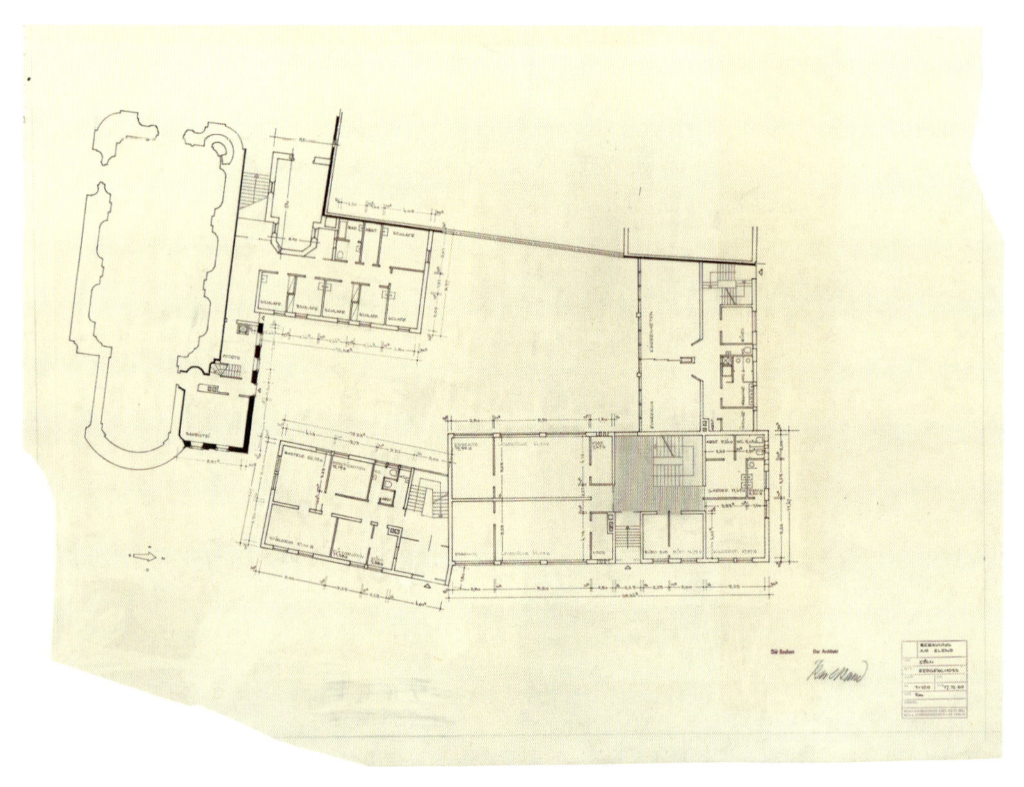

„Bebauung am Elend", Grundriss Erdgeschoss, 1959 (siehe dazu die Detailansicht auf Seite 68/69)

Dringend notwenige Sanierungsmaßnahmen fanden in den 1990er-Jahren statt: Im März 1994 konnte nach einjähriger Bauzeit die Renovierung der verwitterten Westfassade abgeschlossen werden. 800 Ziegelsteine mussten ausgetauscht, das Natursteinrelief aufwendig restauriert werden. Von 1996 bis 1998 konnte die Restaurierung des Dachs sowie des Dachreiters und der gesamten Sockelzone erfolgen. Die Fassade wurde vollständig rot geschlämmt. Den Löwenanteil der Sanierungskosten übernahm der Stiftungsfonds der Familie Groote bestritten, Land und Erzbistum beteiligten sich. Die notwendige und schon lange ausstehende Fortführung der Innenraumsanierung war bisher finanziell nicht zu leisten. Sie ist der Kirche zu wünschen und wäre sicher im Sinne Bands.

Die Bebauung der Elendskirche bildet den nordöstlichen Bezirk der Pfarrinsel. Sie umfasst zum einen die Bauten für die Schönstatt-Schwestern, die Traditionskapelle und die Tagungsstätte. Zum anderen findet sich hier mit der Katholischen Erziehungsberatungsstelle und der »Mütterschule« entlang der Arnold-von-Siegen-Straße sowie der Kindertagesstätte »Zint Jan« in der Spielmannsgasse das Bildungs- und Erziehungszentrum der Gemeinde. Bei Planung und Realisierung dieses Komplexes wurde Band durch die Architekten Wilhelm Hartmann und Ludwig Roszyk unterstützt.

Die Traditionskapelle der Schönstatt-Schwestern

Angesiedelt hatte sich das Säkularinstitut der Schönstätter Marienschwestern, vertreten durch zwei Schwestern, bereits 1934. 1943 ausgebombt, blieben sie zunächst im Mutterhaus in Schönstatt (Vallendar). Nach Kriegsende hatten sie jedoch den Wunsch zurückzukehren, und Band wurde von ihnen beauftragt, eine Kapelle sowie eine Tagungsstätte zu realisieren. Aufgrund der städtebaulich engen Situation gestaltete sich dies jedoch nicht leicht.

Unmittelbar neben der Elendskirche errichtete man 1962/63 die Traditionskapelle nach dem Vorbild der Kapelle in Schönstatt, die von der Schönstattbewegung als Urheiligtum angesehen wird, nach Plänen Bands. Aus Rücksicht auf die seit 1982 unter Denkmalschutz stehende Elendskirche wurde auf den für die Kapelle typischen Dachaufbau mit Turm verzichtet. Ihr Heiligtum, das am 14. Oktober 1934 vom Pater Josef Kentenich, dem Begründer der Schönstatt-Bewegung, gesegnete Marienbild, befand sich bis zur Zerstörung der Elendskirche in der Everhardus-Kapelle. 1963 wurde das Marienbild in die neu errichtete Kapelle der Schwestern überführt.

Das Schönstatthaus *(Arnold-von-Siegen-Straße 3)*

Parallel zur Traditionskapelle entstand die Tagungsstätte. Als einziges Gebäude der gesamten Pfarrinsel liegt es im Inneren des Gebäudekomplexes. Der auch als Gästehaus genutzte Backsteinbau mit Gästezimmern im Erdgeschoss und einem großen Saal mit Küche im Untergeschoss leistet aufgrund seiner Lage einen wichtigen Beitrag zum geschlossenen Eindruck des Bauensembles: Der Eingangsbereich des Anbaus schließt sich unmittelbar an den wiederhergestellten Bau des 18. Jahrhunderts (Sakristei mit darüberliegender Küsterwohnung) an und verläuft entlang der Nordfassade der Elendskirche. Vorgelagert ist ein Treppenaufgang, über den die Besucher direkt den Gästetrakt erreichen können. Dieser längsrechteckige, parallel zur Katholischen Beratungsstelle liegende Haupttrakt des Gebäudes grenzt mit seiner Rückfront an das Hinterhaus der Borsaris und schließt mit diesem auf gleicher Höhe ab. Eingebunden ist die Kapelle der Schönstatt-Schwestern, deren polygonaler Chor im Osten vom Baukörper des Gästetrakts eingefasst wird. Auf diese Weise gelang es Band, das Atrium der Elendskirche zu schließen und zugleich einen weiteren geschlossenen Innenhof zu schaffen, der insbesondere von den Kindern der Kindertagesstätte »Zint Jan« genutzt werden kann.

Nach Fertigstellung von Sakristei, Küsterwohnung und Schönstatthaus konnten 1963 fünf Schönstatt-Schwestern einziehen. Seit dieser Zeit betreuen und nutzen sie die Elendskirche gemeinsam mit der Familie von Groote. In Kooperation mit der Pfarrgemeinde begleiteten sie darüber hinaus entsprechend ihren Glaubensgrundsätzen die Geschicke der Pfarrei. Schwester M. Ursulita leitete über 30 Jahre die Kindertagesstätte »Zint Jan«. Als Verfechterin der Montessoripädagogik setzte sie Maßstäbe. Auch Schwester Marietheresis, die 35 Jahre das Pfarrbüro leitete, Generationen von Kommunionkindern und Firmlingen unterrichtete und zeitweilig auch als Küsterin beider Kirchen fungierte, war bis 2004 eine wichtige Stütze der Gemeinde.

Entlang der schmalen Arnold-von-Siegen-Straße – auch an dieser Stelle ein Gedenken an das einst für die Pfarrkirche so bedeutende Gemeindemitglied –, unmittelbar an der Auffahrt zur Severinsbrücke, findet die Pfarrinsel ihren östlichen Abschluss. Der Tagungsstätte vorgelagert befinden sich hier, ein wenig versteckt, die Katholische Beratungsstelle für Eltern, Kinder und Jugendliche und das FamilienForum Südstadt (ehemals »Mütterschule«). Beide Bauten wurden als erster Bauabschnitt der Bebauung um die Elendskirche 1960/61 errichtet.

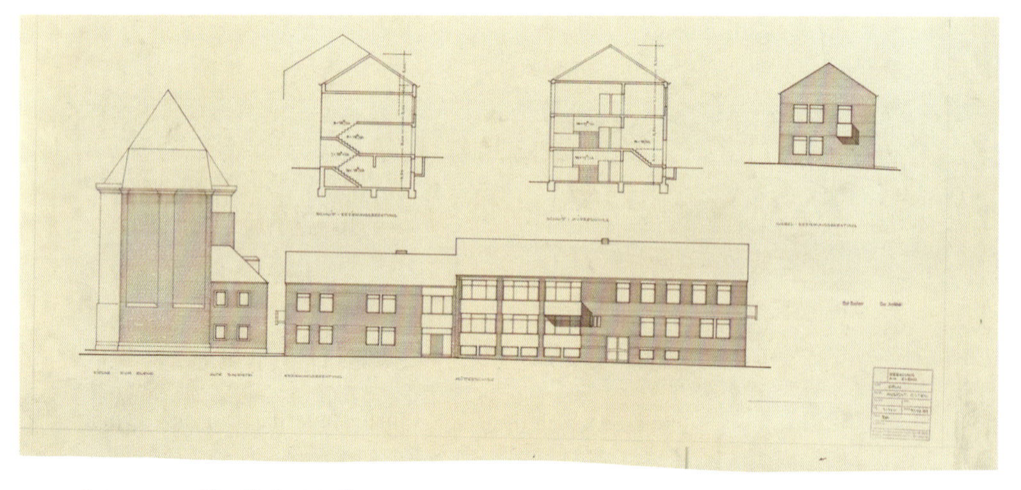

„Bebauung am Elend", Ansicht Osten, 1959

Die Katholische Erziehungsberatungsstelle *(Arnold-von-Siegen-Straße 5)*

Der Gesamtverband der katholischen Kirchengemeinden der Stadt Köln als Träger der Katholischen Erziehungsberatungsstelle (heute: Katholische Beratungsstelle für Eltern, Kinder und Jugendliche) bat Band Ende der 1950er-Jahre, Pläne für die Neubauten zu entwerfen. Band bewies auch an dieser Stelle Umsicht und orientierte sich bei Planung des Baus an den Dimensionen und der Lage von Elendskirche und nordöstlichem Anbau. Planungsvorstufen lassen erkennen, dass anfänglich beide Bauten im rechten Winkel zur Spielmannsgasse innerhalb einer Häuserflucht angeordnet werden sollten. Band entschied sich jedoch für einen Bau, der deutlich gegenüber dem Nachbarhaus aus der Häuserflucht hervorspringt und parallel zur geplanten Tagungsstätte liegt. Durch Schrägstellung und Herunterzonung des Hauses auf Trauf- und Firsthöhe der Sakristei und einer Fenstergliederung, die sich in ihrer Höhe ebenfalls an der Sakristei orientiert, verlieh er dem Bauensemble auch an dieser Stelle einen geschlossenen Charakter.

Die »Mütterschule« *(Arnold-von-Siegen-Straße 7)*

Als Träger der Kölner Mütterschulen und auch der Südstädter »Mütterschule« (seit 1968 Familienbildungsstätte und ab dem Jahr 2000 FamilienForum Südstadt) fungiert das 1953 gegründete Mütterbildungswerk e. V. Köln. Im Gegensatz zu den übrigen Bauten des Ensembles fällt an den Gebäudeachsen zur linken des Eingangs die vollkommene Öffnung der ansonsten durch Backstein geprägten Wandfläche durch dreiteilige Fensterelemente mit darunterliegenden hellen Putzflächen auf. Hier befinden sich verschiedene Lehrräume, auch eine große Küche, für die eine großzügige Belichtung notwendig ist – eine Gliederung, die in der Eingangsachse des Nachbarhauses wieder aufgegriffen wird. In die Fassadengestaltung integriert sind zwei Balkone, einer zur Spielmannsgasse und einer zur Arnold-von-Siegen-Straße, deren Brüstungen durch hellen Sichtbeton und seitlich durch Holzverkleidungen gestaltet sind.

›Mütterschule‹, Ansicht von Nordosten, 1985

Die zur Spielmannsgasse gelegene Nordfassade zeigt sich als eine nahezu völlig geschlossen wirkende, in Backsteinen ausgeführte Mauerfläche. Entsprechend der unterschiedlichen Nutzung im Innern, zeigen sich in allen Geschossen unterschiedliche Fenstergliederungen. Zur Belichtung des Gymnastikraums im Souterrain dient zum Beispiel die Fensterreihung aus sieben in das Backsteinmauerwerk eingelassenen Fenstern, die sich auf Bürgersteigniveau befindet. Nach einjähriger Bauzeit erfolgte die Einweihung beider Bauten am 14. Oktober 1961 durch Josef Kardinal Frings. Nach den Häusern im Agnesviertel, in Deutz (Stegerwaldsiedlung), Vogelsang und Kalk bot dieses Haus nun den Südstädter Frauen die Gelegenheit, die in den 1960er-Jahren heiß begehrten Sechswochenkurse für Bräute und junge Ehefrauen zu besuchen. Bis heute spiegelt die Bildungsstätte, die sich nach anfänglicher Zentrierung auf die Bedürfnisse der Frau und Mutter zu einem Familienzentrum entwickelt hat, die vielen Facetten unserer Gesellschaft. Mit einer bunten Palette von Bildungs-, Beratungs- und Betreuungsangeboten für junge Eltern, Jugendliche und Erwachsene verfolgt sie ihr Ziel Kinder zu fördern und Familien zu unterstützen.

Als Antwort auf die im Halbrund erfolgte Straßenführung der Auffahrt zur Severinsbrücke bieten beide Bauten ein optisches Gegengewicht zum in Richtung Rhein abschüssigen Gelände der Pfarrinsel. Durch das Architekturbüro Maria Schwarz und Partner erfuhren beide Häuser Anfang der 1990er-Jahre eine umfassende Sanierung inklusive Dachgeschossausbauten. Der sich gewandelten Beratungstätigkeit wurde damit ebenso räumlich Rechnung getragen wie den geänderten Erfordernissen in der Erwachsenenbildung.

Katholische Kindertagesstätte »Zint Jan« *(Spielmannsgasse 16)*

Als zweiter Bauabschnitt der Bebauung um die Elendskirche wurde der Kindergarten fertiggestellt und damit zugleich ein weiterer Innenhof der Pfarrinsel geschaffen. Am 1. März 1963 konnte die Einrichtung eröffnet werden. Der Backsteinbau reiht sich als Teil der Gesamtkonzeption in die Gebäude der Spielmannsgasse ein. Hervorgehoben wird die Eingangsachse durch Fensterflächen und Putzfelder und ein Fensterband unterhalb der Traufe des Hauses, das der Belichtung zweier Gruppenräume im Obergeschoss dient.

Im rückwärtigen Teil des Hauses überrascht ein vollwertiges, lichtdurchflutetes Untergeschoss. Band erzielte dies dadurch, dass er den Innenhof um 1,20 Meter gegenüber der Straßenhöhe abtragen ließ. Mit der Gestaltung dieses und auch der übrigen Innenhöfe der Pfarrinsel setzte Band einen weiteren Grundsatz seiner Denkschrift in die Tat um, nämlich die Forderung nach lichten Baublöcken mit Kinderspiel- und Erholungsplätze zur Steigerung der Wohnqualität in der Innenstadt. Seit dem 1. August 2008 ist nicht mehr die Pfarrgemeinde Träger der Einrichtung, sondern der WDR.

Stilelemente der Pfarrinsel

Band zitiert römische Vorbilder, die ihn inspiriert haben ein derartig geschlossenes Bauensemble zu schaffen. St. Johann Baptist sollte »als überragender Mittelpunkt die verschiedenen Bauten des Pfarrzentrums zu einer städtebaulichen Einheit nach dem Vorbild der römischen ›insulae‹ innerhalb eines Straßengevierts zusammenfassen. Durch Vor- und Rücksprung sollten kleine Plätze, ›Piazetten‹, als gliedernde Fixpunkte entstehen.« (Fußbroich)

Der Verwirklichung dieser Idee liegt eine einheitliche, geschlossene architektonische Konzeption zugrunde, entstanden ab der Mitte bis zum Ende der 1950er-Jahre.

Was zeichnet die Profanbauten der Pfarrinsel aus? Zweckmäßige, klare und einfache Grundriss- und Konstruktionslösungen sind ebenso vorherrschend wie die durch klare Struktur und Sachlichkeit bestimmte Gliederung der Fassaden. Akzente setzte Band durch den Materialkontrast von rotem Backsteinmauerwerk und Sichtbeton. Er beschränkte sich auf wenige, bewusst eingesetzte Gestaltungselemente. Typische Bandsche Gestaltungsmotive sind die vielfältig variierenden Fensteröffnungen, die Gestaltung der Balkonbrüstungen im Einklang mit der Fassade und die oft asymmetrisch angeordneten Eingänge. Die Fensterpartien schneiden oft unvermittelt in das Mauerwerk ein und sind schmucklos, abgesehen von einer als Sichtbetonstreifen erkennbare Rollschicht im Fenstersturz. Die Eingangszonen werden unterschiedlich betont. Zumeist erhielten die Bauten für die 1950er- und 1960er-Jahre typische Holztüren mit flankierenden Gussglasfeldern. Auf diese Weise gelang Band ein spannungsvolles Wechselspiel von geöffneter und geschlossener, vorgezogener und zurückgesetzter Wandfläche in ausgewogenen, aufeinander abgestimmten Proportionen.

Band, der seine Bauten stets als Gesamtkunstwerk betrachtete, setzte auch im Innern auf wenige, ausgesuchte Materialien. Für die 1950er-Jahre typische Kunststein- oder Terrazzoböden und Treppenaufgänge mit Stabgeländern und Mipolamhandläufen finden sich hier ebenso wie Fenster mit künstlerisch gestalteten Bleiverglasungen (so im Erdgeschoss des Pfarrhauses, der Schönstatt-Kapelle oder in der »Mütterschule«). Helligkeit und Transparenz waren ihm wichtig. So sorgen zum Beispiel die Holztüren im Innern, beidseitig von Gussglasfeldern flankiert, für fließende Raumübergänge. Auch die Rückfronten der Bauten zeigen ein aufgelockertes Bild: Die Rückfront des Küsterhauses ist beispielsweise auf beiden Ebenen völlig durch Fenster geöffnet und mit einer Loggia versehen. Auch den Bewohnern des Teresa-von-Avila-Hauses wird durch großflächige Fensterfronten der Blick auf Innenhof und Chor von St. Johann Baptist ermöglicht.

Mit dem bewussten Verzicht auf jegliches dekorative Moment übte Band eine vornehme Zurückhaltung gegenüber beiden kirchlichen Zentren der Pfarrinsel. Dieses hat wesentlich Anteil an der Wahrung der städtebaulichen Dominanz der Kirchen und homogenen Einbindung seiner Bauten.

Bis heute ist die Gesamtkonzeption des Bauensembles in ihrer ursprünglichen Gestaltung und damit die geschlossene Gesamtkonzeption erhalten. Die 2006 begonnene Umgestaltung von St. Johann Baptist und den Gemeindebauten zum Jugendpastoralen Zentrum durch das Nachfolgebüro Band erfolgt unter Achtung der historischen Bausubstanz der seit 1990er-Jahren unter Denkmalschutz stehenden Bauten (vgl. dazu den Beitrag von Dominik Meiering).

Band als Architekt profaner Bauten

Trotz Bands beachtlicher Leistung als Kirchenbaumeister und -restaurator sowie als Architekt kirchlicher Bauten darf eines nicht übersehen werden: Sein Oeuvre weist neben seinen berühmtesten Bauprojekten – dem Gürzenich und dem Rathaus – ein enormes Spektrum an profaner Architektur auf. Dies ist wenigen bekannt. Gleichwohl hat Band auch hier insbesondere in den 1950er- und 1960er-Jahren seine große Vielseitigkeit bewiesen.

So wurden in den 1950er-Jahren unter seiner Regie für Köln wichtige Baudenkmäler wieder zum Leben erweckt, zum Beispiel die Ulrepforte (zur Nutzung für die Roten Funken), der Gereonswindmühlenturm, Ende der 1960er-Jahre auch der Sachsenturm (Bauherr sind die Blauen Funken) als erhaltene Teilstücke der mittelalterlichen Stadtmauer ebenso wie die Wolkenburg (für den Kölner Männer-Gesang-Verein) oder der Römerbrunnen. Schulbauten wie das Humboldt-Gymnasium (Kartäuserwall, 1956–1959) wurden ebenso realisiert wie Krankenhausprojekte, so zum Beispiel verschiedene Erweiterungsbauten für das St. Marien-Hospital (Kunibertskloster, 1940er-/1960er-Jahre). Hinzu kamen unter anderem umfangreiche Instandsetzungs- und Umbaumaßnahmen am neugotische Bau der Landeszentralbank (Unter Sachsenhausen, 1949–1951), ausgeführt nach Plänen Bands, wie auch der Neubau von Kassenhalle und Büroetagen für die Deutsche Bank (Hohenzollernring 14, 1951).

Neben der Fülle der bereits erwähnten Gemeindebauten entwickelte Band auch vielfältigste architektonische Lösungen im Bereich der Wohn- und Geschäftshäuser. Herauszuheben ist zum Beispiel das Möbelhauses Schirmer mit vollkommen durch Fensterbänder aufgelöster Fassade (Cäcilienstr. 25, 1950/51), das leider 2006 abgerissen wurde. Es befand sich gegenüber dem Weltstadthaus. Zu nennen ist auch der Gebäudekomplex am Heumarkt, in dem sich die kürzlich geschlossene Gaststätte »Zur Timp« befand (Heumarkt, 1951/52). Haus Wefers (Komödienstr. 97, 1956/57) – im September 2005 von der Initiative »Liebe deine Stadt« als herausragender Bau der 1950er-Jahre gewürdigt –, an dem sich noch heute der ursprüngliche Verlauf der römischen Stadtmauer ablesen lässt, ist ebenso wie sein eigenen Wohnhaus oder das Haus der Begegnung (Jabachstraße 4–8, 1955–1957; früher Jugendzentrum, heute Karl Rahner Akademie) ein Beispiel dafür, dass sich an Bands Bauten durchaus auch zeittypische Dekorationselemente der 1950er-Jahre finden: Graffito-Gestaltungen, Backsteininkrustationen oder farbig verglastes Betonmaßwerk an den Fassaden ebenso wie kunstvoll gestaltete, geschwungene Treppenanlagen im Innern. Gestalterisch verantwortlich zeichnet Band auch für Industriebauten wie das Autohaus Fleischhauer, inklusive Reparaturwerkstätten und Tankstelle, das nach Neubaumaßnahmen bzw. Abriss der Tankstelle in seiner ursprünglichen Form nicht mehr erlebbar ist (Fröbelstr. 15, 1948–1954) oder die bis heute erhaltene Autoreparaturwerkstatt und Tankstelle Richelshagen (Holzmarkt 71, 1949).

Diese nur kleine Auswahl an Projekten veranschaulicht die Bandbreite des Schaffens von Karl Band. Im gesamten Stadtzentrum stößt man auf eine unglaubliche Fülle seiner Bauten, seine Architektur prägt das Stadtbild Kölns in hohem Maße.

Doch was hat Karl Band in seiner Arbeit geprägt? Anregungen moderner architektonischer Strömungen des Auslandes gegenüber war der Kölner von Anfang an sehr offen. Eine Wanderausstellung über moderne Baukunst in den USA wurde ebenso rezipiert wie eine viel beachtete Schweizerische Architekturausstellung, die vom 7. bis 28. November 1948 im Staatenhaus der Kölner Messe gezeigt wurde. Diese Ausstellung wurde initiiert von der Stadt, in Verbindung mit der »Wiederaufbau-GmbH« und dem Bund Deutscher Architekten. Karl Band war Mitglied des Kölner Ausstellungsausschusses, er dürfte daher mit den gezeigten Beispielen eng vertraut gewesen sein. Über fünfhundert Fotografien dokumentierten die schweizerische Architektur ab 1933. Besonderes Interesse galt der Entwicklung im Bereich von Wohnungs- und Siedlungsbau. Große Beachtung fand dabei die Idee, auf Straßenneubauten zugunsten von begrünten Wohnwegen zwischen den Wohngebäuden zu verzichten. Dieser Trend nahm einerseits Impulse der sogenannten Gartenstadtbewegung auf, erteilte andererseits einer in erster Linie autogerechten Stadtplanung eine Absage.

1949/50 unternahm Band zusammen mit seinem Kollegen Rudolf Schwarz eine Reise nach Schweden. Dies entsprach dem großen Wunsch namhafter deutscher Architekten in dieser Zeit, sich von Entwicklungen im Ausland inspirieren zu lassen. Neben der Auseinandersetzung mit der Architektur des europäischen Auslandes und der USA fand auch das Baugeschehen in den drei westlichen Besatzungszonen bzw. der Bundesrepublik Deutschland seit Kriegsende verstärktes Interesse. Der Werkbundausstellung »Neues Wohnen« (14. Mai–3. Juli 1949) angegliedert, fand in Köln mit der Ausstellung »Deutsche Architektur seit 1945« die erste Präsentation deutscher Nachkriegsarchitektur statt. Diese Schau zeigte eine kleine Auswahl von Bauten renommierter Architekten, 59 Wohnbauten sowie drei Hochhausprojekte wurden vorgestellt. Auch Publikationen aus dieser Zeit, die sich in Bands Nachlass befinden, zeugen von seiner Aufmerksamkeit für zeitgenössische ausländische Architektur.

1950 schloss sich Karl Band mit 20 weiteren Kölner Architekten zum »Ring Kölner Architekten« zusammen. Zu den 21 Gründungsmitgliedern zählten neben Band namhafte Architekten wie Dominikus Böhm, Wilhelm Riphahn, Fritz Schaller, Hans Schilling, Hans Schumacher, Rudolf Schwarz und Willy Weyres. Ihr erklärtes Ziel war die »Suche nach neuen Formen, artgerechter Verarbeitung und Förderung des modernen Bauens in Köln« (Hagspiel, Architektur). Zugleich wurde Band über Köln hinaus durch die Präsentation seiner Arbeiten auf der Architekturausstellung des Bundes Deutscher Architekten (BDA), Landesverband Nordrhein-Westfalens bekannt, wobei insbesondere das von ihm entworfene Autohaus Fleischhauer hervorgehoben wurde.

Die seine Profanbauten bestimmende Konzentration auf das Wesentliche, die Reduktion auf wenige Materialien und das damit verbundene Hervorheben materialästhetischer Werte sind es, die auch sein Schaffen über die 1950er-Jahre hinaus bestimmten. Im Nachkriegs-Köln baute Band unter schwierigsten Bedingungen, die zwangsweise die Reduzierung und Optimierung der Bauten auf das Notwendigste und Zweckmäßigste zur

Der "Kölsche Vatikan", Luftbildaufnahme 1999

Folge hatte. Gemeinsam mit anderen in Köln tätigen Architekten dieser Zeit wie Hans Bienefeld, Emil Steffann oder Gottfried Böhm wird er vor diesem Hintergrund zur sogenannten »Kölner Schule« gezählt. Karl Band gilt als »einer der ›kölnischsten‹ aller Kölner Architekten« (Hagspiel, Aspekte). Er ist in eine Reihe zu stellen mit anderen renommierten Kölner Architekten der 1950er-Jahre wie Wilhelm Riphahn, Rudolf Schwarz oder Fritz Schaller.

Würdigung Bands

Bei der Gesamtbetrachtung der Bauten Bands, insbesondere der Profanbauten, kristallisiert sich eine maßgeblich bestimmende Grundkonstante heraus: Alle Projekte können nie ohne die Einbeziehung des städtebaulichen Umfeldes gesehen werden. An keiner Stelle der Stadt errichtete Band einen die Umgebung dominierenden Baukörper, sondern immer einen Bau, der sich in seinen Proportionen auf die historischen Parzellenstrukturen und Dimensionen bezieht – ob es sich nun um die Einbindung von Neubauten in die historische Altstadt (Häuser Markmannsgasse) oder die Integrierung von Neubauten in unmittelbarer Nähe der Romanischen Kirchen (Haus Band; Pfarrinsel) handelt. Immer ging es ihm um die Verantwortung gegenüber dem historischen Stadtbild Kölns.

Wenn man sich die von Band in seiner Denkschrift 1945 formulierten Leitgedanken zum Wiederaufbau Kölns in Erinnerung ruft, überrascht dieser Umgang mit historischen Bauelementen nicht. Ist doch die Denkschrift in erster Linie als ein Plädoyer an alle am Wiederaufbau Kölns beteiligten Architekten – möglicherweise auch an alle Architekten – zu verstehen, den historischen Stadtgrundriss zu achten und zu wahren. Es zeigt sich, dass diese Grundsätze der Schlüssel zum Verständnis des Bandschen Schaffens sind. Wie sehr er von der Verantwortung gegenüber dem historischen Stadtbild geleitet wurde, zeigt nicht zuletzt das Bauensemble der Pfarrinsel, das sich so wunderbar in seinem gesamten Erscheinungsbild in das städtebaulich durch St. Johann Baptist und Elendskirche bestimmte Umfeld einfügt.

Wie hat es Band anlässlich eines Fernsehinterviews zu seinem 90. Geburtstag selbst formuliert? Für ihn wesentlich ist, »dass man sich einfühlt in die Örtlichkeit«. Kirchen seien dabei die »Kristallisationspunkte des Wiederaufbaus«. Seine Arbeitsweise umschrieb er mit wenigen Worten: »Was ist vorhanden, was wird vom Bauherrn gewünscht und was kann man draus machen?«

Bis ins hohe Alter war Band als Architekt aktiv. Seine Leidenschaft für den Beruf übertrug er auch auf die nächste Generation. Sein Sohn Gero Band folgte ihm – ganz in der Tradition der Familie – nach und trat 1965 als Partner in das gemeinsame Büro ein. Erst 1981 zog Band sich aus dem aktiven Berufsleben zurück und überließ seinem Sohn Gero die Leitung des Architekturbüros. Als dieser zwei Jahre später starb, traf Band die Entscheidung, nochmals einzusteigen. Zu diesem Zeitpunkt war er 83 Jahre alt. Zu seinem Arbeitspensum notierte er zu Beginn des Jahres 1984: »Nach dem Tod meines Sohnes Gero wieder voll aktiv – z. Zt. Instandsetzung von sechs historischen Kirchen, Neubau der Bundesärztekammer, evangelisches Pfarrzentrum Langenfeld, Behinderten-Werkstätten, Altenpflegeheim Worringen usw.«. Im Rückblick auf sein Lebenswerk erstellte er Mitte der 1980er-Jahre ein Werkverzeichnis und sorgte für die Bewahrung der Entwürfe und des Schriftwechsels seines Büros. Er starb kurz vor seinem 95. Geburtstag am 6. Oktober 1995 in seiner Heimatstadt, die ihm so viel bedeutete.

Quellen und Literatur, Bildachweis

Quellen: Archiv des Westdeutschen Rundfunks, Köln: Interview mit Karl Band vom 9. November 1990, gesendet in der Aktuellen Stunde, WDR 3. – Historisches Archiv des Erzbistums Köln: Pfarrarchiv von St. Johann Baptist (insbesondere Pfarrchronik). – Historisches Archiv der Stadt Köln: Nachlass Band, Bestand 1673 (Denkschrift Bands vom 29. Juni 1945; Planbestand und Akten zu einzelnen Objekten). – Untere Denkmalbehörde der Stadt Köln: Akten zu Bauten der Pfarrinsel. – »Der Weg – Evangelisches Sonntagsblatt für das Rheinland«, 28. Juni 1959. – »Kirchenzeitung für das Erzbistum Köln«, 29. Oktober 1961, 20. Oktober 1995. – »Kölner Stadt-Anzeiger«, 7. November 1980, 9. November 1990, 4. Mai 1993, 12. September 2006. – »Kölner Stadt-Rundschau«, 11. Mai 1961. – »Kölnische Rundschau«, 12. September 2006. – Hans Schilling: Erinnerungen an Karl Band. Rede, gehalten im November 1995 anlässlich der Trauerfeier zum Tod von Karl Band (Manuskript in Besitz Schillings).

Literatur: Heinrich Böll: *Was soll aus dem Jungen bloß werden? Oder: Irgendwas mit Büchern*, Köln 1981, Zitat S. 22-23. – Werner Durth/Niels Gutschow: *Träume in Trümmern. Planungen zum Wiederaufbau zerstörter Städte im Westen Deutschlands 1940–1950, Bd. 1: Konzepte*, Braunschweig/Wiesbaden 1988, Zitat S. 243. – Heinz Firmenich: *St. Johann Baptist und die Elendskirche, Köln*, Neuss 1965, Zitat S. 3. – Helmut Fußbroich: *St. Johann Baptist, in: Führer zu vor- und frühgeschichtlichen Denkmälern Köln III*, Mainz 1980, S. 73–75, Zitat S. 73. – Birgit Gerdes: *Karl Band und seine Profanbauten während der 50er Jahre in Köln*, unveröffentlichte Magisterarbeit, Universität zu Köln, Köln 1999. – Habers (Vorname unbek.): *Eigenhaus des Architekten BDA Regierungsbaumeister Karl Band, Köln. In: Die Bauzeitung* 64 (1959) S. 59–61, Zitate S. 58, 61. – Wolfram Hagspiel: *Die Architektur der 50er Jahre in Köln – Versuch einer stilistischen Einordnung, in: Wolfram Hagspiel/Hiltrud Kier/Ulrich Krings: Köln: Architektur der 50er Jahre*, Köln 1986, S. 30–54, Zitat S. 41. – Wolfram Hagspiel: *Aspekte zu regionalen Traditionen in der Kölner Architektur des 20. Jahrhunderts, in: architekten almanach Köln*, Wuppertal 1998, Zitat S. 12. – Katholische Pfarrgemeinde St. Severin und J. Baptist: *Zint Jan 1963–2003 – 40 Jahre Katholische Kindertagesstätte Zint Jan, Festschrift*. Köln 2003. – *Führer durch die Kath. Pfarrgemeinde St. Johann Baptist Köln-Mitte*, hg. vom Kath. Pfarramt St. Johann Baptist, Köln 1963. – Hans Schilling: *Architektur 1945–2000*, Köln 2001, Zitat S. 35. – Rupert Schneider: *St. Gregor, in: Colonia Romanica* 18/19 (2003/2004), S. 105–131.

Bildnachweis: Historisches Archiv des Erzbistums Köln, Bildsammlung: *S. 85, 89 oben, 92, 112/113*; Historisches Archiv des Erzbistums Köln, Pfarrarchiv St. Johann Baptist: *S. 82, 86, 89 unten*; Historisches Archiv der Stadt Köln, Nachlass Band: *S. 68/69, 84, 90, 104, 106*; Stadtkonservator Köln: *S. 72* (Foto: Kreyenkamp), *73 links* (Foto: B. Melchior) *und rechts, 81, 93, 94 oben* (Foto: C. Körber) *und unten* (Foto: D. Heiermann), *95, 98, 100, 101, 102, 107*; Privatbesitz Michaele Grundmann: *S. 70*; Foto Birgit Gerdes: *S. 87*.

Nordansicht der Kirche mit mittelalterlicher Front und Hl. Severin, 1970er Jahre

Die Kirche St. Johann Baptist
Vom neuen Werden eines alten Ortes – Baugeschichte und Neugestaltung der Kirche an der Severinsbrücke

von Dominik Meiering

Je nachdem von welcher Seite aus man sich der Kirche St. Johann Baptist an der Auffahrt zur Severinsbrücke in der Kölner Südstadt nähert, erwartet den Besucher ein je unterschiedlicher Anblick und damit ein je unterschiedlicher Einblick in eine je unterschiedliche Epoche des Kirchbaus. Wenn man von Norden her über die Severinstraße kommt und den Blick auf die andere Seite der kleinen Autobrücke wirft, welche die Auffahrt zur Severinsbrücke überquert, so mutet die Kirche St. Johann Baptist vor allem mittelalterlich an. Die gesamte Fassadenfront zur Spielmannsgasse hin ist geprägt durch die spätmittelalterliche gotische Außenwand der alten Kirche mit ihren großformatigen gotischen Fenstern. Darüber erhebt sich monumental der Obergaden eines mittelalterlichen Langhauses, das die Bedeutung und Größe diese Kirchbaus im Mittelalter eindrucksvoll vor Augen führt. Ein ganz anderes Bild bietet sich dem Betrachter dar, der sich von Süden her dem Kirchbau nähert und vom Platz »An Zint Jan« auf das Kirchengebäude schaut. Hier dominiert neben dem massiven campanile-ähnlichen Turm die große rote moderne Backsteinwand und der moderne Baukörper des 20. Jahrhunderts aus dem das mittelalterliche Langhaus wie ein Schrein oder eine Schatztruhe hervorragt. Die Kirche St. Johann Baptist ordnet sich hier ohne Schwierigkeiten in die übrige Wohnhaus-Bebauung der Straßenecke und der Straßenflucht »An St. Katharinen« ein.

Südwestansicht der Kirche mit Platz „An Zint Jan", Ende der 1960er Jahre

Schon dieser einfache Blick von zwei Seiten auf die Kirche St. Johann Baptist offenbart wichtige Elemente der wechselvollen Baugeschichte der Kirche, die im 12. Jahrhundert begann, mit einer Vielzahl an (spät-)mittelalterlichen Um- und Erweiterungsbauten aufwarten kann, nach den Zerstörungen des Zweiten Weltkrieges in den 1960er-Jahren ihre bis heute prägende Fortschreibung in dem roten Backstein-Wiederaufbau Karl Bands erhielt und mit den letzten Bauarbeiten der Jahre 2006 bis 2009 – dem Umbau in das neue Jugendpastorale Zentrum für die Stadt Köln – ihren vorläufigen Abschluss fand.

Die Anfänge des Kirchbaus

Von der Kirche der ersten urkundlichen Erwähnung der Pfarrgemeinde St. Johann Baptist, dem Gründungsbau der Kirche, ist nichts bekannt. Die wenigen schriftlichen Quellen lassen es ohne archäologische Untersuchungen nicht zu, auch nur einigermaßen seriöse Angaben über diesen ursprünglichen, ersten Kultort zu machen. Es wird aber gemeinhin davon ausgegangen, dass die damals an der uralten Nord-Südachse Kölns gelegene Kirche vielleicht eine einfache Saalkirche war, die später durch eine zunächst dreischiffige basilikale Anlage ersetzt wurde. Da aber außer der urkundlichen Erwähnung eines Kirchbaus im Jahre 948 aus dieser Zeit keine für St. Johann Baptist aufschlussreichen Quellen vorliegen (vgl. dazu den Beitrag von Joachim Oepen), muss das Nachdenken über einen oder mehrere Vorgängerbauten an diesem Ort spekulativ bleiben.

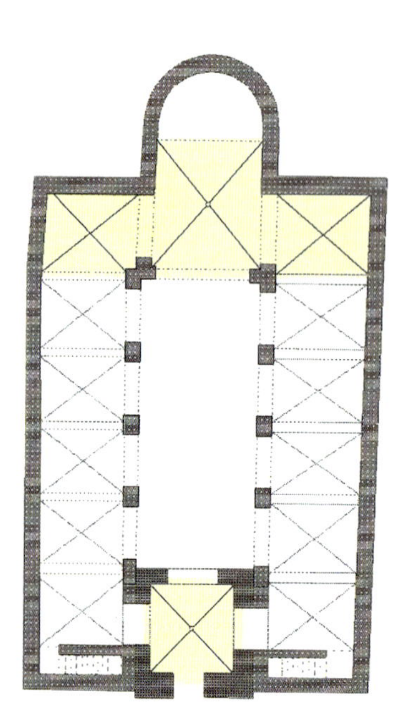

Grundriss der Kirche zu Beginn des 13. Jhd.

Bautätigkeit im 12. und 13. Jahrhundert

Die Weihe des Hochaltars und zweier Nebenaltäre durch Erzbischof Philipp von Heinsberg (1167–1191) im Jahr 1181 dagegen ist ein gewichtiges Zeugnis für die Fertigstellung des Kerns der jetzigen Kirche, die als dreischiffiger basilikaler Neubau im letzten Viertel des 12. Jahrhunderts errichtet worden ist. Unter Verwendung eines in der Mitte des 12. Jahrhunderts erbauten und noch zur Vorgängerkirche gehörenden Turmes wurde hier eine Emporenbasilika errichtet, die wohl schon zu Beginn des 13. Jahrhunderts wieder eine Veränderung erfuhr. Wie Birgit Kastner mithilfe von archäologischen Quellen belegen kann, wurden die Seitenschiffe im Vorfeld zur urkundlich dokumentierten Weihe von fünf Altären durch Erzbischof Dietrich von Hengebach (1208–1212/16) im Jahr 1210 Richtung Osten um je ein Joch verlängert, sodass eine neue Vierung entstand. Außerdem wurde die Erdgeschosshalle des Westturms

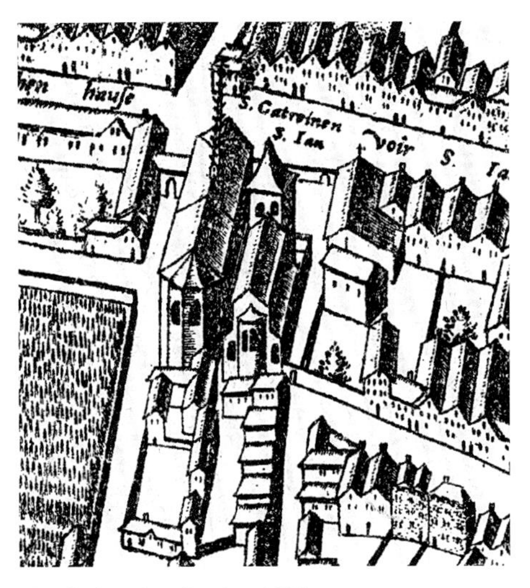

Vogelschauplan des Arnold Mercator, 1571, St. Johann Baptist und St. Katharinen

zu den Seitenschiffen hin geöffnet. Die Altäre fanden ihre Aufstellung in der Apsis, an der Ostwand der Seitenschiffe sowie jeweils auf den Emporen über den Seitenschiffen. Die Höhe der ehemaligen Emporen ist bis zum heutigen Tag an den Emporenöffnungen über den unteren Arkadenbögen im westlichsten Joch des mittelalterlichen Ziboriums ablesbar. Während der Chor und die Seitenschiffe gewölbt waren, war der übrige Raum dieser staufischen Pfeilerbasilika flach gedeckt. Von außen muss die Kirche zu diesem Zeitpunkt wohl so ausgesehen haben, wie sie Arnold Mercator auf seinem Vogelschauplan aus dem Jahr 1571 zeigt. Hier sieht man eine dreischiffige Basilika mit geradem Ostabschluss der Seitenschiffe und halbrunder Apsis. Auch wenn die Ansicht des Arnold Mercator historisierend ist – in der zweiten Hälfte des 16. Jahrhunderts war die Kirche schon fünfschiffig –, vermittelt sie doch einen guten Eindruck der Enge und Gedrängtheit der neuen Bürgerkirche neben der gewaltigen gotischen Katharinenkirche der Deutschordensleute. Festzuhalten bleibt aber, dass dieser neue Kirchbau der Bürger eines der einwohnerreichsten mittelalterlichen Quartiere Kölns sich offensichtlich deutlich gegenüber seinem gotischen Nachbarn und seiner Mutter, der Stiftskirche St. Severin, zu emanzipieren begann. Das neue bürgerliche Selbstbewusstsein sollte sich von nun an immer deutlicher in immer selbstständigerer bürgerlicher Bautätigkeit widerspiegeln.

Bautätigkeit bis zum 16. Jahrhundert

Schriftliche Quellen aus der Mitte des 14. Jahrhunderts bezeugen, dass zu dieser Zeit weitere Bautätigkeiten an St. Johann Baptist – und zwar vor allem im Norden – vorgenommen worden sein müssen. Aus dem Jahr 1346 liegen Dokumente vor, die von der Verpflichtung des Abtes Anselm II. von Heisterbach berichten, der für St. Johann Baptist eine Beisteuer zu zahlen hatte – der Heisterbacherhof an St. Johann Baptist war das Stadtdomizil des Mönchsvorstehers aus dem Siebengebirge. In die Zeit um 1346 fallen verschiedene Bautätigkeiten, die dem Kirchbau von St. Johann Baptist ein neues Gepräge gaben. Im Norden wurde ein zweites, mit Kreuzrippengewölbe versehenes Seitenschiff angebaut (Fertigstellung bis 1381), das fünf Joche umfasste. Im Osten erhielt die Apsis neue gotische Maßwerkfenster, die in Form und Aufbau identisch mit denen der neuen Nordfassade waren. Das staufische, flachgedeckte Mittelschiff wurde mit einem Rippengewölbe versehen, dessen Rippenprofil und Schlusssteine identisch waren mit denen des neuen

Panorama-Holzschnitt des Anton Woensam, 1531: St. Johann Baptist und St. Katharinen

nördlichen Seitenschiffs. Ob das neu auferbaute Seitenschiff mit seinem selbstständigen Eingang von Nordwesten her (an der Stelle der heutigen Sakristeitür) vor allem als Bruderschaftskapelle der Weberzunft genutzt und für diesen Zweck errichtet wurde, bleibt unklar.

Auch das 15. Jahrhundert hat zur Baugeschichte der Kirche beigetragen. In den Archivunterlagen dieser Zeit werden mehrfach »neue Kirchen« erwähnt, womit aber vermutlich keine neuen Kirchengebäude, sondern lediglich Veränderungen in den Seitenschiffen und damit verbundene Altarversetzungen gemeint sind. Das dokumentierte dreibahnige Fischblasenmaßwerkfenster in der östlichen Nordfassade lässt vermuten, dass wahrscheinlich in der Mitte des 15. Jahrhunderts die nördlichen Seitenschiffe Richtung Osten verlängert wurden. Zu diesem Zeitpunkt – also im Zusammenhang mit der Osterweiterung – ist wohl auch die Nordempore eingewölbt und sind die Pultdächer durch Satteldächer ersetzt worden. Fotos und Grafiken der alten Maßwerkfenster im östlichsten Teil der Nordfassade lassen darüber hinaus darauf schließen, dass um 1500 ein weiteres Joch Richtung Osten in der abknickenden Fassadenfront zur Spielmannsgasse hin dazugekommen sein muss.

Das Stadtpanorama des Anton Woensam von 1531 zeigt sehr eindrucksvoll einzelne Details des damaligen Kirchbaus. Deutlich erkennbar ist das zweite nördliche Seitenschiff, das ebenso wie das innere Seitenschiff mit einem Satteldach versehen ist, während das einzelne südliche Seitenschiff noch mit einem Pultdach gedeckt ist. Bei den Ostfenstern der beiden gleich langen und flach abgeschlossenen nördlichen Seitenschiffe handelt es sich ebenso wie bei den Chorfenstern um großformatige gotische Maßwerkfenster. Der offensichtlich zweigeschossige Turm ist durch ein Bogenfries und Lisenen gegliedert und von einem Zeltdach bekrönt.

Nicht nur im Norden, auch im Süden erfuhr die Kirche einige Erweiterungen, die mit der Einrichtung eines neuen Taufortes in der Südwestecke der Kirche ihren Anfang nahmen. Im Jahr 1489 errichtete der Kölner Baumeister Johann von Langenberg hierfür einen selbstständigen Kapellenraum, der sich über eineinhalb Joche des südlichen Seitenschiffs erstreckte und von hierher betreten werden konnte. Diese Kapelle vom Ende des

15. Jahrhunderts, die sich in ihrer Breite deutlich in der südlichen Fassadenansicht abhebt, ging später in dem von Arnold von Siegen 1538/39 gestifteten südlichen Kirchenanbau auf. Der sogenannte »Siegensgang« ergänzte die Taufkapelle Richtung Osten bis auf die Höhe des östlichen Abschlusses des inneren südlichen Seitenschiffs. Der aus Dänemark vertriebene und in Köln als Weihbischof tätige Bischof Georgius von Strotborg weihte das neue Schiff am 23. November 1539, das vor allem als Familiengruft für die bedeutsame Familie des Arnold von Siegen (vgl. den Beitrag von Joachim Oepen) dienen sollte. Von diesem Zeitpunkt an hatte jedes der fünf Kirchenschiffe ein eigenes Satteldach.

Kolorierter Stich von Peter Weyer, Südostansicht der Kirche um 1840

Mit den Anbauten im Norden und im Süden erfuhr die Kirche eine Erweiterung, die ihr eine beachtliche Größe und damit auch ein bedeutungsvolles Aussehen verliehen. Mit einer Länge von 29 Metern und einer Breite von 26 Metern war die ursprünglich dreischiffige Basilika durch die Anbauten der Seitenschiffe im Norden (14. und 15. Jahrhundert) und im Süden (15. und 16. Jahrhundert) nunmehr zu einer fünfschiffigen Kirche herangewachsen und hatte somit einen nahezu quadratischen Grundriss angenommen.

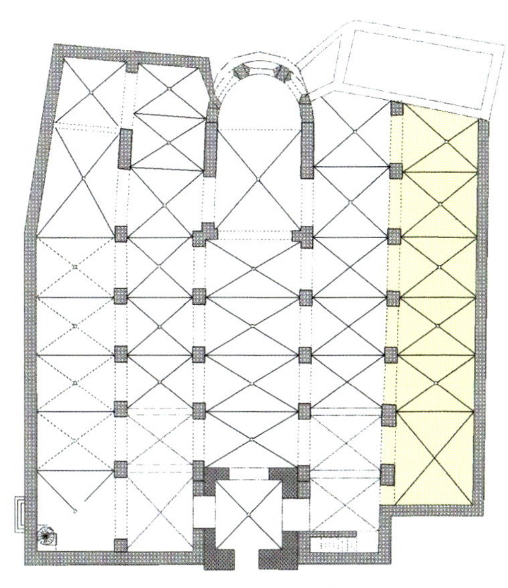

Grundriss der Kirche Mitte des 16. Jhd.

Innenansicht der barockisierten Kirche, um 1840 (von P. Weyer)

Kirchturm von Westen vor dem 2. Weltkrieg

Bautätigkeit vom 17.–19. Jahrhundert

Es verwundert darum nicht, dass das 17. Jahrhundert durch das Herausbrechen von Emporen und Stützen den breiten Raum durchsichtiger und homogener gestalten wollte. Kirchenrechnungen aus den Jahren 1658 bis 1665 belegen, dass die Kirche in dieser Zeit im Sinne der Kölner Nachgotik verschönert und vereinheitlicht wurde. Im Mittelschiff wurde durch den Abbruch von zwei Stützen die Arkatur geöffnet und in den inneren Seitenschiffen wurden die Emporen herausgenommen, sodass ein weiter Hallenraum entstand. Durch die Neueinwölbung einzelner Joche und die Angleichung der Fenster wurde der historisch gewachsene und zusammengestückelte Raum vereinheitlicht und harmonisiert, scharfe Brüche und harte Übergänge wurden geglättet. Der Glockenturm erfuhr eine Restaurierung und wurde mit einem neuen Helm versehen.

Auch der Historismus des 19. Jahrhunderts ging an St. Johann Baptist nicht vorbei. So wie viele Kirchen in der Stadt Köln – am bedeutungsvollsten unter ihnen ist der Kölner

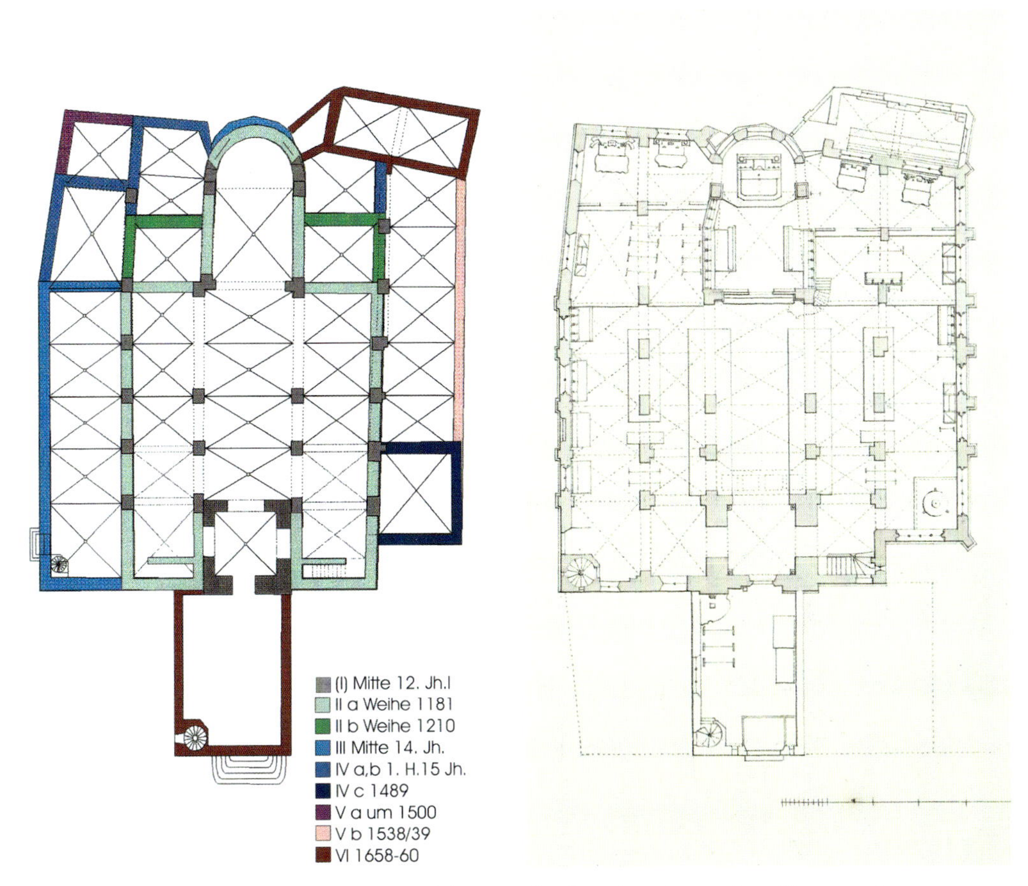

Die Bauphasen der Kirche vom 12. bis zum 17. Jhd.

Der Grundrissplan von Peter Weyer, um 1840

Dom – in der Zeit der Wiederentdeckung des Mittelalters im alten Stil restauriert oder neu aufgebaut wurden, so wurden auch in St. Johann Baptist erhebliche Veränderungen vorgenommen. Kein geringerer als der Diözesanbaumeister Vincenz Statz sorgte in den Jahren von 1862 an für die Dokumentation des Bauzustandes der Kirche, der eine Instandsetzung der Mauern, eine Neueindeckung des Daches und die Erneuerung einiger Maßwerke folgten. Den von Anna Margarethe Cronenberg gestifteten barocken Hochaltar aus dem Jahr 1658 ließ er durch einen neugotischen Flügelaltar nach seinem Entwurf ersetzen, neue Fenster und großflächige Ausmalungen gaben dem Gottesdienstraum ein neues Aussehen. Erst das veränderte Verständnis von Denkmalpflege im 20. Jahrhundert führte zu einem gelassenen Umgang mit dem »Konglomerat« (Karl Band) von unterschiedlicher Ausstattung und Architektur. Der Architekt Hans Vogts führte die Kirche 1938 wieder wesentlich in den Zustand vor 1862 zurück und stellte die Anmutung eines gewachsenen Raumes wieder her.

Romantisch-melancholische Fotografie von Hermann Claasen: Die Kirchenruine von St. Johann Baptist, um 1945

In der Nachkriegszeit hilft eine Notkirche

Das Wenige, was von dem einst so geschichtsträchtigen und bedeutenden Kirchbau St. Johann Baptist nach der Kriegszerstörung noch stand, war ein bemitleidenswertes Häufchen Elend einer ehemals prachtvollen und großen Bürgerkirche.

Die Bombennacht vom 29. Juni 1943 war für St. Johann Baptist von zerstörerischer Kraft. Was danach von der Kirche noch stehen geblieben war, diente für kurze Zeit als Notkirche, wurde jedoch im Bombenhagel des 2. März 1945 nahezu vollständig dem Erdboden gleich gemacht. Die Zerstörungen der Kirche waren so groß, dass eigentlich an eine Wiederherstellung der Kirche nicht zu denken sein konnte. Neben einzelnen kleineren Resten wie Fundamentteilen der östlichen Apsis, waren allein die nördliche Außenwand mit ihren spätgotischen Maßwerkfenstern und einige Joche des mittelalterlichen Langhauses übrig geblieben.

Die Fotos der Kirchenruine von Hermann Claasens (1889–1987) dokumentieren nicht nur den katastrophalen Zerstörungszustand der Kirche, sie sind beeindruckende Zeugnisse einer düsteren, anziehenden Traurigkeitsstimmung. In der Zusammenschau von verbrannten Bäumen und zerstörten Gebäuden erlebt man den Stillstand eines Augenblicks, eine wirkliche »nature morte«. Die Fotografien Claasens haben eine so kunstvolle, melancholische und morbide Anmutung, dass man sie mit den Gemälden eines Caspar David Friedrich oder den Grafiken eines Giovanni Battista Piranesi vergleichen kann. Hier wie dort handelt es sich um Zeugnisse einer untergegangen, neu zu belebenden und entdeckenden Welt.

Blick durch das zerstörte Gewölbe des südlichen Seitenschiffes auf den Obergaden, nach dem 29. Juni 1943

Nachdem sich die Kirchengemeinde in den Kriegsjahren übergangsweise in den verschiedensten Kirchen sowie öffentlichen und privaten Häusern zum Gottesdienst versammelt hatte und auch das notdürftig umgebaute zerstörte Mittelschiff der Kirche eine Zeit lang als Notbehausung diente, entschied man sich sehr bald nach dem Krieg, in den beiden nördlichen Seitenschiffen der Kirchenruine eine Notkirche einzurichten. Der Kölner Architekt Heinrich May errichtete über der stehen gebliebenen nördlichen Außenwand der Kirche und den beiden nördlichsten Seitenschiffen ein Satteldach, unter dem sich die Kirchengemeinde zur gottesdienstlichen Feier versammeln konnte und unter dem auch einige der überkommenen Ausstattungsstücke wieder eine Aufstellung fanden. Der Grundrissplan zeigt die Funktionsweise der Übergangskirche:

Notkirche der Pfarrgemeinde St. Johann Baptist von 1948 bis 1961 und die Ruine des zerstörten Mittelschiffs der Kirche (siehe dazu auch S. 116/117)

Man betrat den Kirchenraum von Süden her durch einen Portalbogen, der im ersten Joch hinter dem ehemaligen Turm angelegt wurde. Durch die Herausnahme der alten und zerstörten Seitenschiffstützen konnte der Besucher in eine weiträumige Hallenkirche eintreten, an deren schiefem Ostende eine Stufenanlage mit Hochaltar eingebaut wurde, in den auch der kostbare Antoninaschrein integriert wurde. Was im Grundrissplan nicht sichtbar ist, dokumentieren Fotos aus der Zeit der Notkirche: Im letzten östlichen Joch ließ May das mittelalterliche Maßwerk durch drei hoch aufragende spitzbogige Lanzettfenster ersetzen, wodurch der Altarraum wohl eine bessere Belichtung und eine architektonische Aufwertung erhalten sollte.

Auch wenn zunächst angedacht war, diese Notkirche in den Seitenschiffen der mittelalterlichen Kirche nur übergangsweise und als Notkirche bis zur Wiederherstellung der alten Kirche zu nutzen, so war diese Kirche doch vom Tag ihrer Weihe am 15. November 1948 bis zum Weißen Sonntag des Jahres 1961 über zwölf Jahre der Lebens-, Glaubens- und Betort der Gemeinde St. Johann Baptist.

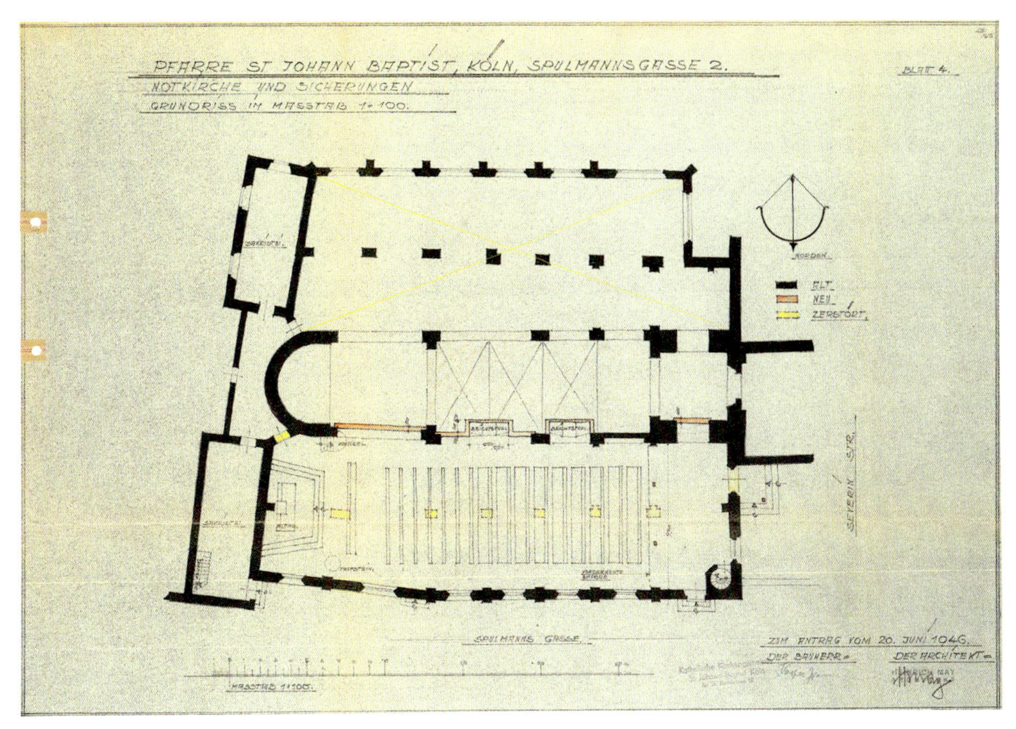

Grundriss der Notkirche, Architekt Heinrich May, 1946

Nordansicht der Notkirche mit neu gebrochenem, dreiteiligem Lanzettfenster

Die von Karl Band wiedererrichtete neue Kirche der 1960er-Jahre

Währenddessen ging die Diskussion um die Zukunft der Kirchenruine St. Johann Baptist unvermindert weiter. Der entscheidende Durchbruch ereignete sich, als im Februar 1956 der Regierungsbaumeister und Architekt Karl Band seinen Vorschlag für die Gestaltung des Stadtviertels rund um St. Johann Baptist und den Wiederaufbau der Kirche vorlegte. Es war Bands Idee, das stehen gebliebene mittelalterliche Langhaus als Mittelteil einer neuen Kirche zu gestalten: »St. Johann Baptist besteht aus einem Mittelteil mit hohen, engen, romanischen Pfeilerstellungen, darüber Gewölbereste, und es wäre wohl richtig, dass dieser Teil, als besonders wertvoll, als Zentralpunkt erhalten bliebe. Ich hatte vorgeschlagen, diesen Bauteil als Mittelpunkt respektive als Anhängsel an eine neuzeitliche Kirche zu gestalten«, so Karl Band 1956. Die stehen gebliebene mittelalterliche Außenwand und die Notkirche des Architekten May sollten als Nebenraum der Kirche eine neue Funktion übernehmen und zum Teil erhalten bleiben.

Während man sich im Hinblick auf die großen romanischen Kirchen in der Stadt Köln – trotz zum Teil ausgearbeiteter Pläne für Neugestaltungen in modernen Bauformen – entschied, die Kirchen im ursprünglichen Stil wieder aufzubauen, wählte man in St. Johann Baptist einen anderen Weg. Der Wiederaufbau der Kölner Kirchen, der in den Nachkriegsjahren theologisch, denkmalpflegerisch und städtebaulich ausführlich diskutiert wurde, hatte für die ehemaligen Bürgerkirchen Kölns andere Konsequenzen als für die Stifts- und Klosterkirchen. St. Johann Baptist wurde wie auch andere mittelalterliche und historisierende Kirchen Kölns nicht »wiederaufgebaut«, sondern auf neue Art und Weise »erbaut«.

Architekt Karl Schwippert, Wiederaufbaupläne für St. Maria im Kapitol, 1955/56

Architekt Gottfried Böhm, Wiederaufbaupläne für St. Maria im Kapitol, 1955/56

Nach geraumer Planungszeit erfolgte am 20. Mai 1960 die Baugenehmigung für den neuen Bandschen Kirchenbau, sodass im Juli mit den Bauarbeiten begonnen werden konnte, die am 17. April 1963 im Zusammenhang mit der Feier der Erstkommunion der Pfarrgemeinde St. Johann Baptist ihren Abschluss fanden. Karl Band entwarf eine Kirche, die der Mittelpunkt eines neu entstehenden Gemeindezentrums mit Pfarrsaal, Pfarrhaus, Pfarrbüro, Bücherei, Jugendheim, Kindergarten und vielen weiteren Gebäuden werden sollte, die das Zentrum der neuen Pfarrinsel, eines neuen kleinen Stadtteiles in der südlichen Altstadt wurde (vgl. den Beitrag von Birgit Gerdes).

Die in den 1960er-Jahren neu geschaffene und seit 1982 denkmalgeschützte Architektur von Karl Band dominiert bis zum heutigen Tag den Gesamteindruck der Kirche. Da der von Karl Band entworfene Innenraum mit der Nutzungsänderung der Kirche durch die Jugendpastoral in Köln und die architektonischen Eingriffe einige Veränderungen erfahren hat, bedarf es einer genauen Beschreibung des Raumkonzeptes und der Gestaltung der Kirche in den 1960er-Jahren. Dies dient nicht nur der Bewahrung einer Erinnerung an die Raumgestaltung und Raumnutzung dieser für den Wiederaufbau der Kirchen in Köln besonders herausragenden Kirche. Es dient auch der Wertschätzung der modernen architektonischen und pastoralen Denkentwürfe Karl Bands, in denen das klassisch-moderne Bauen eines Rudolf Schwarz oder Dominikus Böhm bereits verlassen wurde und noch keine liturgische Erneuerung durch das Zweite Vatikanische Konzil stattgefunden hatte. Zudem bietet die Betrachtung des von Karl Band entworfenen Kirchenraums das Grundgerüst zum Verständnis für die Neugestaltungen des 21. Jahrhunderts.

Südansicht während der Bauzeit 1962/1963: Der moderne Backsteinbau und das mittelalterliche Ziborium

Aussengestaltung

Von außen entschied sich Band dazu, dem mittelalterlichen hellen Naturstein des stehen gebliebenen Obergadenbaukörpers einen roten Ziegelstein kontrastierend entgegenzusetzen. Das mittelalterliche Langhaus, das bereits in den 1950er-Jahren seine in den östlichen Jochen herausgebrochenen Arkadenstützen aus statischen Gründen wiedererhalten hatte, wurde für Band zum zentralen Baukörper, um den sich die moderne Architektur bergend gruppierte. Wie eine barocke Laterne ragt das schreinsähnliche Ziborium aus dem Bandschen Baukörper heraus, wie ein kostbares mittelalterliches Haus überthront es den modernen Baukörper. Als eine feingliedrige und durch ein rundbogiges Fries gestaltete Kostbarkeit aus Tuffstein überragt es hell strahlend das dunkelrote, von der Fläche und dem Kubus geprägte Bauvolumen der Moderne. Egal von welcher Seite man den Kirchbau betrachtet: Immer dominiert das alte romanische Mittelschiff den Bau. Die auf historischem Fundament ruhende Ostapsis der Kirche Karl Bands ist hell verputzt und wirkt in ihrer polygonalen Form zunächst wie ein historischer Baukörper, ist jedoch als fensterloser Sonderraum dem kubischen Backsteinvolumen angefügt worden. Während Karl Band auf der nördlichen Seite der Ostapsis einen Durchgang in das angrenzende Theresa-von-Avila-Haus ermöglichte, integrierte er auf der gegenüberliegenden südlichen Wand ein Gitterfenster aus Betonfeldern, durch dessen dünne Alabasterscheiben warmes und gedämpftes Licht in den Chorraum im Inneren fällt. Als städtebaulichen Akzent imitierte Karl Band den im Westen stehenden alten Kirchturm, wobei er bei der Wandgliederung des neuen, 35 Meter hohen Turmes durch die Markierung unterschiedlicher Geschosse und durch eine Art von Lisenen und Nischen den historischen Kirchturm nachahmte. In das letzte, oberste Geschoss integrierte Band eine Turmuhr, die von den Schallöffnungen des Glockenstuhls an allen vier Seiten gerahmt ist und den Turm krönend abschließt. Die Nordansicht der Kirche ist vor allem von der überkommenen mittelalterlichen Architektur geprägt, die den Krieg überdauert hat beziehungsweise wiederhergestellt werden konnte. Zusammen mit dem mittelalterlichen Ziborium vermittelt die Nordwand einen zusammenhängenden, geschlossenen Eindruck, der eigentlich erst durch Karl Band wiederhergestellt wurde: Die drei Lanzettfenster an der nördlichen »Chorwand« der Notkirche des Architekten May ließ er wieder herausreißen, um den vorherigen mittelalterlichen Zustand historisierend wiederherzustellen.

Innenansicht des Rohbaus der Kirche während der Bauzeit 1962/1963: Das mittelalterliche Ziborium durchbricht die Holzkonstruktion des modernen Kirchbaus.

Innenansicht des Altarraumes mit Antoninaschrein und Altar von Osten, Ende 1960er Jahre

Innenraum

Das Aufeinandertreffen von Alt und Neu, das in einen wechselvollen Austausch miteinander eintritt, findet sich auch in der Betrachtung des von Karl Band geschaffenen Innenraumes. Auch hier dominiert das mittelalterliche Ziborium durch seine Freistellung im Raum. Es erhält seine besondere Gewichtung einerseits durch die basilikal erhöhten und viel Licht spendenden Obergadenfenster und andererseits durch die aufsteigende Stufenanlage, die wie eine treppenförmige Tribüne angelegt ist. Alles im Kirchenbau von Karl Band ist auf dieses mittelalterliche Ziborium hin orientiert, es ist wie das Allerheiligste im Heiligtum des jüdischen Tempels in Jerusalem. Nicht nur die Bankreihen des Laienraums im Westen sind auf den neuen Altarraum im mittelalterlichen Ziborium hin ausgerichtet, auch einige Bänke im östlichen »Querhaus«, das der Ostapsis vorgelagert ist, orientieren sich auf den mittelalterlichen Bauteil hin. Hier stellte Band Kirchenbänke für Gottesdienstteilnehmer wie zum Beispiel die spanische Wohngemeinschaft auf, die – nach Westen schauend – an der Liturgie teilnahm.

Erhaltener mittelalterlicher Bogen, der die Höhe der ehemaligen Emporen erkennen lässt

Noch einmal: Dieses zum Mittelpunkt der Kirche erhobene mittelalterliche Ziborium ist von Karl Band als in jeder Hinsicht erhöhter Bauteil angelegt worden. Das mittelalterliche Kreuzrippengewölbe durchstößt in seiner weißen Farbe und von den hellen Fenstern beleuchtet den ansonsten dunkleren Hallenraum der neuen Kirche, deren untersichtige Dachkonstruktion aus Leimbindern und dazwischenliegenden Vertäfelungen zurückhaltend gestaltet ist. Es scheint fast so, als habe Karl Band außer den gotischen Gewölberippen die in orange und braun farblich vorsichtig abgesetzt wurden, einen vollständig hell leuchtenden weißen historischen Baukörper neu geschaffen, dem die übrige umgebene Architektur sich dienend unterwirft und gleichsam als Bühne für einen größeren und stärkeren Auftritt daher kommt. Auch durch die Gestaltung der Fußbodenzone sowie die Zuweisung der Funktion als Altarraum sprach Karl Band dem mittelalterlichen Ziborium eine herausragende Bedeutung zu. In dem neu geschaffenen Altarraum der Kirche, der die ganze Fläche dieses mittelalterlichen Ziboriums einnahm, gestaltete Band eine Stufenanlage, über die man von vorne über vier und von hinten über zwei Stufen (der Boden des Kirchraumes steigt Richtung Osten leicht an) zu dem monumentalen Altar hintreten konnte. Während die aus Blaustein geschaffene Stufenanlage von Osten und Westen her

Innenansicht des Altarraumes und der Kirche von Westen, Ende 1960er Jahre

zu betreten war, so war sie an den Seiten im Norden und Süden durch ein steinernes Geländer gesichert, an dem Karl Band die überkommenen barocken schmiedeeisernen Gitter der im Krieg zerstörten Helmont-Kanzel anbrachte. Durch den erhöhten Fußboden, die herausragenden Obergadenfenster und die Wiederherstellung der rhythmisch hintereinander gereihten Pfeiler und Joche (das vorletzte Pfeilerpaar Richtung Osten wurde 1952/53 noch vor der Übernahme der Bauleitung durch Karl Band aus Backstein neu aufgemauert, nachdem im 17. Jahrhundert an dieser Stelle die Stützen herausgebrochen worden waren) kreierte Karl Band einen hell strahlenden zentralen Sonderraum, der nach vorne und hinten geöffnet, zu den Seiten eher verschlossen und bergend daher kam.

Für den Altarraum schuf Hein Gernot 1963 aus grünlichem Zeppolino-Marmor einen monolithischen Hochaltar, der dem großen, neu entstandenen Altarraum als gewaltige Mitte diente. Hein Gernot reagierte mit seiner Materialwahl auf den von Karl Band großräumig verlegten grünlichen Alta-Quarzitfußboden, der seinerseits mit dem grünlichen Schimmern des Drachenfelser Trachyts aus dem mittelalterlichen Baukörper korrespondiert. Während Band den Altarraum Richtung Westen mit einer Kommunionbank vor allem durch Einbringung der bronzenen Adlerambonen optisch begrenzte, wies er dem historischen Antoninaschrein einen neuen Aufstellungsort im letzten östlichen Joch des Altarraumes zu.

Antoninaschrein u. Reliquienbüsten im „Nischenbaum", Ende 1960er Jahre

Der Schrein, der auf einem von Band entworfenen Marmorsockel ruhte, fand seine Ergänzung in den sieben Reliquienbüsten des 16. und 17. Jahrhunderts, die in optischem und inhaltlichem Zusammenhang auf der Höhe desselben Jochs in einer Art steinernen »Nischenbaum« von Hein Gernot an der Südwand eingestellt wurden.

Um diesen Altarraum gruppierte Band die Funktionen des neuen Kirchraums, wobei die Wiederaufstellung und Eingliederung der historischen Ausstattung auch architektonische Entscheidungen herbeiführte.

Schaute man von Westen auf den östlichen Teil der Kirche, so bot sich dem Betrachter eine im Grunde historische Situation dar, wirkte der neu gestaltete zentrale Altarbereich doch wie der Chor einer angedeuteten, neu geschaffenen dreischiffigen Basilika. Die »Seitenschiffe« wurden zu Kapellenräumen ausgestaltet. Auf der Südseite schuf Band eine riesige hochrechteckige Fensterzone, die zweigeteilt durch einen großen Betonpfeiler gegliedert ist. An diesem Betonpfeiler befestigte Band den Tragarm für den Deckel des von Arnold von Siegen gestifteten Taufbeckens.

Taufstelle vor der südlichen Fensterwand mit dem von Arnold von Siegen gestifteten Taufbecken

Der Osterleuchter aus Kalksinter, dem in römischen Wasserleitungen gewachsenen »Aquäduktmarmor«, gehörte offenbar ebenso zu der besonderen Gestaltung der Taufkapelle wie der durch Schieferplatten geometrisch aufgelockerte Alta-Quarzitboden. Auch der aus Blaustein und Bronze gefertigte Aufbewahrungsort für die hl. Öle oder das große Fensterbild des Glasmalers Hermann Gottfried verweisen auf die Taufort-Funktion dieser Kapelle im südlichen Seitenschiff. In die moderne, bunte Bleiverglasung mit Szenen rund um die Taufe und den Patron der Kirche, den hl. Johannes den Täufer, wurde ein altes Fenster mit der Kreuzigung Christi integriert, das man für diesen Ort aus dem Kunsthandel erwarb.

Die Taufkapelle erfuhr – vor allem im Bereich der Ostwand – durch die Aufstellung verschiedener Figuren mehrfach Umgestaltungen. Dass der Taufstein schließlich aus der Taufkapelle auf die gegenüberliegende Nordwand der Kirche wanderte, hat wohl mit der Aufstellung einer Tabernakel-Stele des Künstlers Hein Gernot an der Ostwand des südlichen Seitenschiffs zu tun. Karl Band selbst wandelte offenbar im Nachgang der Liturgiereform des Zweiten Vatikanischen Konzils die ehemalige Taufkapelle in eine Sakramentskapelle um. Eine Zeichnung aus dem Jahr 1967 zeigt die veränderten Positionen

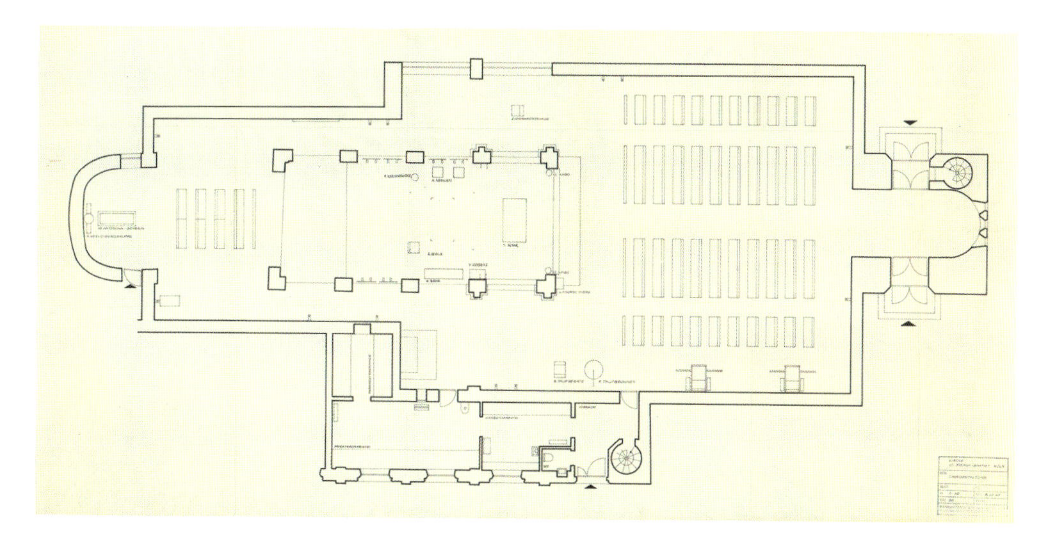

Grundrissplan der liturgischen Umgestaltung der Kirche durch Karl Band, 1967

von Taufbecken, Taufgeräten und Sakramentshaus an. Zu dieser Zeit wurde auch der Antoninaschrein aus dem Ziborium in die Ostapsis der Kirche gerückt, wie Pläne aus dem Büro Band erkennen lassen.

In der südlichen Hälfte der Notkirche des Architekten May errichtete Band ein neues nördliches Seitenschiff, wobei Teile der beiden nördlichen Seitenschiffe des mittelalterlichen Baus zur Sakristei und zum Paramentenraum umgebaut wurden, auf denen in der ersten Etage die Chorempore, die Orgel und die Schatzkammer Platz fanden. Die letzten Joche der beiden nördlichen Seitenschiffe, das heißt vor allem der Altarraum der Mayschen Notkirche, wurden in einen Funktionsraum umgewandelt, der vom angrenzenden Theresa-von-Avila-Wohnhaus her zugänglich war. An der Ostwand des neu entstandenen nördlichen Seitenschiffes richtete Band den Aufsatz des alten Annenaltares mit seinem kostbaren Reliefbild auf.

Der Turmraum, der durch Portale sowohl im Norden wie im Süden betreten werden konnte, bildete nicht nur den Eingangsbereich für den Kirchraum. Durch ein großes, hohes Gitter, das nunmehr den Schatzraum in der Ostapsis sichert, war der Turmraum vom restlichen Kirchraum abgetrennt. Hier war ein immer zugänglicher Ort für das Gebet und die Frömmigkeitsübungen der Gläubigen, die traditionsgemäß selten an der Kirche vorbeigingen, ohne ein »Kerzchen« bei den aufgestellten Heiligenfiguren zu entzünden. Nicht wenige haben zur Bitte oder zum Dank auch eine Schrifttafel im Turmraum anbringen lassen – diese ehemals unterhalb der von Willy Strauß gestalteten Fenster befestigten Tafeln haben heute einen neuen Platz in der Kirche gefunden.

Der „Schiefe Turm von Köln“: Feuerwehreinsatz nach dem Kippen des Turmes am 29. September 2004

Die neueste Baugeschichte des 21. Jahrhunderts

Eine entscheidende Wende in der Baugeschichte von St. Johann Baptist in den jüngsten Jahren wurde durch zwei unterschiedliche Faktoren herbeigeführt. Im Jahr 2000 wurde die Kirchengemeinde St. Johann Baptist aufgelöst, sie ging in der Gemeinde St. Severin auf. St. Johann Baptist erhielt den Status einer Filialkirche, die viele vorbeigehende Einwohner des Viertels regelmäßig besuchten, um dort ein Kerzenopfer zu entzünden. Gleichzeitig wurden aber nach und nach viele gemeindliche Vollzüge wie die Pfarrbücherei, das Jugendheim oder der Kindergarten, die sich bis dahin in St. Johann Baptist und in den angrenzenden Gebäuden ereignet hatten, geschlossen oder verlegt. Den Gottesdienstraum nutzte man zwar weiterhin für wenige Gottesdienste und Messfeiern, aber das pfarrliche Leben orientierte sich seitdem wesentlich zur Mutterpfarrei und zum neuen und alten Zentrum St. Severin (vgl. den Beitrag von Joachim Oepen).

Neben der Umwandlung der Kirche St. Johann Baptist in eine Filialkirche der Kirchengemeinde St. Severin gab es aber ein weiteres epochales Ereignis, das zu einer Neuorientierung des Kirchenbaus führte: In der Nacht zum 29. September 2004 neigte sich der Turm der Kirche um mehr als 70 Zentimeter zur Seite in die Richtung der Severinstraße. Bei Arbeiten an einem unterirdischen Versorgungsschacht im Zuge der neuen Nord-Süd-U-Bahn senkte sich das Gelände und mit ihm der Kirchturm, der zunächst mit Stahlstützen gesichert und schließlich am 26. Oktober 2005 wieder aufgerichtet wurde. Hydraulikpressen hoben den rund 1.600 Tonnen schweren Turm an der Vorderseite um etwa 14 Zentimeter an, der durch den Grundbruch verursachte Hohlraum wurde anschließend mit 50 Kubikmeter Beton verfüllt, sodass der Turm nunmehr auf einem gesicherten Fundament ruht, das über Pfähle 28 Meter tief in der Erde verankert ist. Die Kosten für diese Wiederaufrichtung des Turmes übernahm die Versicherung des Bauherrn der U-Bahn, der Kölner Verkehrs-Betriebe (KVB). Als ein spektakuläres Ereignis gingen die Bilder vom »schiefen Turm« von Köln durch die Weltpresse. Noch heute kennen viele Bürger die Kirche St. Johann Baptist vor allem aufgrund dieses Ereignisses.

Nach der Aufhebung der Kirchengemeinde einerseits und dem Unfall mit dem kippenden Turm andererseits stellte sich die Frage, welche Zukunft St. Johann Baptist als Kirchengebäude würde haben können. Wenn man den mündlichen Zeugnissen der Verantwortlichen und Beobachtenden folgt, so gab es einerseits Stimmen, die in Zeiten von zu großen und zu vielen Kirchbauten in den Städten vorschlugen, den Kirchturm von St. Johann Baptist und die Kirche niederzulegen und abzureißen. Doch andererseits sprachen nicht nur städtebauliche und denkmalpflegerische Gründe dagegen, sondern auch die pastorale Entscheidung des Erzbistums Köln, die Kirche St. Johann Baptist zu einem seelsorgerischen Ort für die Jugend der Stadt Köln umzuwidmen und umzubauen. Schon damals – also vor dem Kippen des Turmes – gab es Planungen, neben dem neuen Standort der Katholischen Fachstelle für Jugendpastoral in den ehemaligen Gebäuden der

Kirchengemeinde St. Johann Baptist einen zentralen Ort für die Katholische Jugend Kölns zu schaffen. Nachdem im Anschluss an das Kippen des Turmes zur Sicherung des Kirchraumes eine große Mauer errichtet worden war, die Teile des Laienraumes der Bandschen Architektur vom Kirchenraum abtrennte, wurde der Gedanke verfolgt, den neu gewonnenen selbstständigen Vorraum zur Kirche für Versammlungsräume eines neuen Jugendpastoralen Zentrums zu nutzen.

Das CRUX, wie das Jugendpastorale Zentrum in Anlehnung an das Kreuz als Erkennungszeichen der Christen kurz und bündig heißt, forderte eine Neuorientierung und damit eine Neugestaltung des Bandschen Kirchenraumes. Während der östliche Teil der Kirche weiterhin als sakraler Kirchenraum genutzt werden sollte, wollte man im Turmbereich und im westlichen Teil des ehemaligen Bandschen Laienraumes von einer hohen Trennwand abgesondert ein Begegnungszentrum schaffen, in das neben einem Cafébereich im Erdgeschoss in einer ersten Etage auch das Büro des Stadtjugendseelsorgers sowie Gruppen- und Seminarräume für die Angebote der Jugendpastoral integriert wurden. Das Jugendpastorale Zentrum sollte im ehemaligen einheitlichen Kirchenraum zwei Sorten von Räumen zur Verfügung haben: einen sakralen Raum für die Feier des Gottesdienstes und die Liturgie einerseits und einen profanen Raum für Veranstaltungen mit Jugendlichen und für die weitere pastorale Arbeit andererseits. Die profanen und säkularen Grenzen werden hierbei nicht verwischt, auch wenn eine Durchlässigkeit vom einen zum anderen Raum sowohl ideell als auch praktisch durch den Einbau einer Tür realisiert werden sollte. Beide Räume – Begegnungszentrum und Kirche – sind nach dem Nutzungskonzept des CRUX »Gasträume«, die zum Hineinkommen und zum Verweilen einladen und gleichzeitig ermöglichen sollen, dass junge Menschen miteinander und mit Gott in Berührung und Begegnung kommen.

Aussenansicht

Die heutige Außenansicht der Kirche von Südwesten her lässt die Umbauten erkennen, die mit der Errichtung des Jugendpastoralen Zentrums CRUX an diesem Ort verbunden waren. Rechts und links des Turmes wurden in die ehemalige Backsteinfassade hohe Fensterflächen geschlagen, die bis unter das Dach reichen und dem neu entstandenen Vorraum der Kirche, in dem im Erdgeschoss das Café und in der ersten Etage die Versammlungsräume untergebracht sind, eine angemessene Beleuchtung zukommen lassen. Wenn auch die Kirche nach wie vor von der Turmseite her betreten werden kann (man durchschreitet den Caféraum), so sollte doch ein eigenständiger Eingang in die Kirche jedem vorübergehenden Gläubigen die Möglichkeit geben, auch direkt das Gotteshaus zu betreten. Deshalb wurde in Übereinstimmung mit der Denkmalpflege ein neuer Kircheneingang auf der großen Fläche der Südwand geschaffen. Den Zusammenhang zwischen Kirchraum und Begegnungszentrum markiert eine behindertengerechte Rampe vom

Der erneuerte Gottesdienstraum im mittelalterlichen Ziborium während der Umbauarbeiten 2009

Blick auf den neuen Altar und den abgetrennten Schatzraum in der Ostapsis während der Umbauarbeiten 2009

Turm bis zum neuen Kircheneingang, die vom Material her den Sockel der Kirche beziehungsweise das Pflaster des Vorplatzes aufgreift und den Zusammenhang zwischen Leben und Glauben der Jugendlichen, die im Begegnungszentrum und in der Kirche stattfinden, auch nach außen sichtbar dokumentiert. Sowohl die neu entstandene Fensterfront der Westseite als auch die Eingänge in den Turm beziehungsweise den Kirchenraum erhielten eine einfache Stahlriegelkonstruktion, die gestalterisch zurückhaltend ist und gleichzeitig formal als Hinzufügung des 21. Jahrhunderts zu erkennen bleibt. Eine Verwechslung dieser Umbauten mit den in den 1960er-Jahren entstandenen architektonischen Arbeiten Karl Bands wird auf diese Weise ausgeschlossen.

Innerer Kirchenraum

Mit dem Umbau zum Jugendpastoralen Zentrum hat sich der Gesamteindruck des inneren Kirchenraumes erheblich verändert. Das Einziehen der großen Trennwand in der Mitte des Bandschen Laienraumes, die als große weiße Wand mit einer unauffälligen »Tapetentür« den Raum in Richtung Westen abschließt, hat eine Veränderung des Raumvolumens hervorgerufen, die zu einer völligen Neuausrichtung des alten Kirchenraumes führen musste. Als wichtigste Änderung wurde die Stufenanlage des ehemaligen Altarraumes herausgebrochen und das mittelalterliche Ziborium zum neuen Ort der gottesdienstlichen Versammlung erhoben. Der Bandschen Interpretation des stehen gebliebenen romanischen Langhauses folgend, wurde die Schreinsarchitektur, die basilikal aus dem Saalraum der modernen Kirche hervorstrebt, zum eigentlichen Zentrum des eucharistischen Geschehens erhoben, in dem durch eine Neueinbringung der Prinzipalstücke von Altar, Tabernakel und Ambo auf der Höhe des letzten romanischen Kirchenjochs diese einen neuen Ort erhielten. Hiermit wurde die Idee Karl Bands von 1956 weitergedacht: »Ich meine, man müsste doch den Altar gewissermaßen in dem historischen Teil belassen und den Kirchenraum dann nach Westen anschließen lassen.« Diente der romanische Schreinsraum in der Bandschen Konzeption noch ausschließlich als Altarraum, dem der Laienraum westlich vorgelagert war, so sind nun Laienraum und Altarraum in dem ehemaligen romanischen Langhaus zusammengefasst und bilden einen Zentralraum, der von dem übrigen durch die dunkle Holzdecke geprägten Raum umgeben wird. So wie Karl Band einen Raum im Raum plante, der freistehend das Kostbarste in sich birgt und vom mittelalterlichem Gewölbe

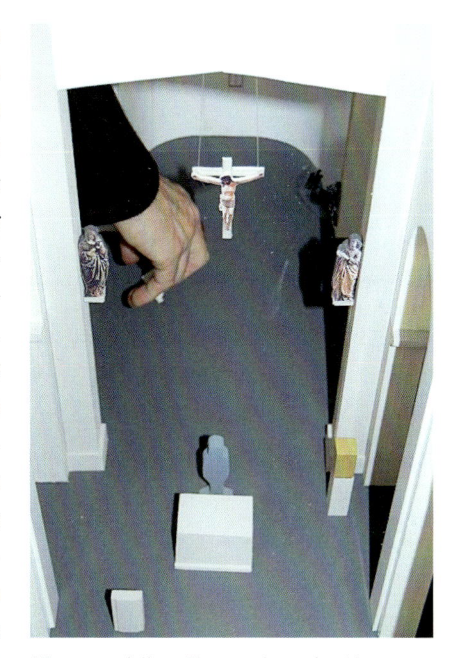

Massenmodell zur Neugestaltung des Altarraumes, 2007

Blick durch den Triumphbogen Richtung Taufkapelle im Südwesten während der Umbauarbeiten 2009

überkrönt ist, so sind nunmehr die wichtigsten Orte des eucharistischen Geschehens und die feiernde Gemeinde von dem kraftvollen und traditionsreichen mittelalterlichen Raumteil überfangen.

Im östlichsten Joch des neuen Ortes der gottesdienstlichen Versammlung haben die neuen liturgischen Ausstattungsstücke für den Gottesdienst Aufstellung gefunden. Die Verkleinerung des Kirchenraumes durch den Einbau der großen Trennwand im Westen und die Zusammenfassung von Gemeinde- und Altarraum im mittelalterlichen Ziborium stellten eine Herausforderung dar: Entweder wären der alte Altar und die alte marmorne Tabernakel-Stele für den neuen, verkleinerten Raum kolossal überproportioniert gewesen oder Altar und Ambo hätten außerhalb des Ziboriums, an einem weniger repräsentativen und gewichtigen Ort, stehen müssen. Da beide Möglichkeiten weder von der Kirchengemeinde noch vom CRUX-Team für angemessen gehalten wurden, entschied man sich für eine einfache Neugestaltung von Altar und Tabernakel. Die von Ingrid Bussenius neu geschaffene Trias von Ambo, Altar und Tabernakel schließt zusammen mit der mittelalterlichen, im Triumphbogen errichteten Kreuzigungsgruppe das mittelalterliche Ziborium nun optisch ab. Der neue Gottesdienstraum fasst auf den neu angeschafften Kirchenbänken etwa 100 Gottesdienstbesucher, die Zahl der Sitzplätze ist aber durch das Hinzustellen von Stühlen vergrößerbar. So wird er über die Nutzung als Versammlungsraum für Schulklassen, Firmgruppen oder verbandliche Gruppen auch für größere Gemeinden wie die der Stadtjugendmesse verwendbar gemacht.

Mit der Fokussierung von Kreuzigungsgruppe, Altar, Ambo und Tabernakel im letzten Joch des Ziboriums behielt man nicht nur den alten Charakter der nach Osten, dem wiederkehrenden Christus, zugewandten mittelalterlichen Wegekirche bei. Gleichzeitig werden den zumeist jungen Gottesdienstbesuchern die wichtigsten liturgischen Lernorte mit einem Blick erfassbar. Die Gestaltung von Altar, Ambo und Tabernakel nimmt nicht nur im Hinblick auf die Materialwahl aufeinander Bezug. Neben der wiederkehrenden Verwendung von Ruhrsandstein und dem Werkstoff Neusilber zeichnen sich die neuen Prinzipalstücke durch eine große Zurückhaltung und Einfachheit aus. Nahezu ornamentlos – lediglich der Tabernakel hat auf der einen vergoldeten Tür ein kleines Textornament in der Form eines Bibelverses erhalten – ordnen sich die Objekte unaufgeregt und dienend dem traditionsreichen Raum unter. Die Durchbrechung des rechten Winkels sowie die Wahl von diagonalen Linienführungen verbinden Altar und Ambo ebenso miteinander wie die vorsichtige Oberflächentextur der miteinander in Farbe und Oberfläche harmonierenden Werkstoffe von Stein und Metall.

Die Entscheidung für eine möglichst einfache Gestaltung von Altar, Ambo und Tabernakel war nicht nur durch finanzielle Begrenzungen motiviert. Die Schlichtheit und Zurückhaltung der Objekte dient auch der Herausforderung, dass sich die Jugendlichen den Kirchenraum zu verschiedenen Zeiten des Kirchenjahres immer neu aneignen und

Blick in die Taufkapelle von Westen aus während der Umbauarbeiten 2009

gestalten können müssen. Hierbei wurde dem Grundsatz von Jugendbischof Bode Rechnung getragen, der gesagt hat: »Jugend Kirchenraum zu geben lädt dazu ein, dass auch Jugend der Kirche mehr Raum gibt.« Die Jugendlichen sollen »ihre« Kirche zu unterschiedlichen Zeiten temporär mitgestalten und prägen können.

Neben dem Ziborium, dem zentralen mittelalterlichen Kirchenraum, der den neuen Ort der gottesdienstlichen Versammlung darstellt, gibt es vier weitere Räume, die eine klare neue Raumdefinition erhalten haben.

Apsis

Die östliche Apsis, die im Mittelalter zunächst der Ort des Hauptaltares war, wurde bereits im Bandschen Kirchbau von seiner Bedeutung her minimiert. Der Raum blieb leer, und in dem vorgelagerten »Querhaus«, das die Ostapsis mit dem mittelalterlichen Ziborium verband, standen Bänke, die auf den Zentralraum hin ausgerichtet waren. Erst in späteren Jahren erfolgte eine neue Wertschätzung dieses östlichsten Bauteils, indem der Antoninaschrein auf einen neuen Sandsteinsockel von Olav Höhnen (1933–2009) in der Ostapsis – umgeben von einem Bronzegitter – Aufstellung fand. Bereits zu diesem Zeitpunkt wurde eine räumliche und inhaltliche Trennung zwischen den eigentlich zusammengehörenden sieben Büsten der Heiligen Antonina und ihrer Gefährtinnen in dem Reliquiarbaum der südlichen Außenwand und der Aufstellung des Antoninaschreins im letzten Joch des mittelalterlichen Ziboriums herbeigeführt. Im Rahmen der Neukonzeption des Jahres 2009 bekam die Ostapsis eine neue Widmung. Hier werden nun die Reliquienbüsten und der Antoninaschrein wieder in unmittelbarem Zusammenhang präsentiert. Hinter einem großen Eisengitter, das einst den Turmraum von der Kirche abtrennte, sind nun die kostbaren Gegenstände der Kirche aufbewahrt: der Antoninaschrein, die Reliquienbüsten und auf der Nordseite der Ostapsis in die ehemalige Durchgangstür eingestellt – ein Schatzschrank mit dem Kostbarsten und den »Vasa sacra« aus der traditionsreichen Geschichte der Pfarrgemeinde St. Johann Baptist. Alle kunsthistorisch und ideell wertvollen Objekte aus der wechselvollen Historie der Kirchengemeinde werden hier fokusartig zusammen präsentiert, den Gläubigen zur Verehrung angeboten und durch das monumentale Gitter sowie eine Alarmanlage konservatorisch und vor fremdem Zugriff gesichert.

Auch für die Jugendlichen und jungen Erwachsenen, die in dieser Kirche eine neue Heimat finden sollen, ist die Wiedereinbringung der historischen Ausstattung der Kirche wichtig. In der Auseinandersetzung mit der Geschichte der Kirche in stein- und bildgewordenen Glaubenszeugnissen in St. Johann Baptist sollen die jungen Menschen in Kontakt mit der Geschichte der Kirche kommen und so ihre eigene Geschichte kennenlernen. Die mit St. Johann Baptist untrennbar verbundenen Ausstattungsstücke und liturgischen Geräte werden so – auch nach dem Willen der Denkmalpfleger, Kunsthistoriker und der

Kirchengemeinde – für eine Auseinandersetzung mit der Tradition des Ortes für jeden Besucher der Kirche bereitstehen.

Atrium

Gegenüber, auf der anderen Seite des mittelalterlichen Ziboriums findet sich im Westen, dort wo ursprünglich die auf den alten Altarraum ausgerichteten Bänke der Gläubigen waren, eine neue, große Leere. Unabhängig davon, ob man den Kirchraum durch die Tür zum Café oder durch die neu geschlagene Kirchenpforte in der Südwand betritt, dient der dem mittelalterlichen Ziborium vorgelagerte große leere Raum als eine Art Atrium, von dem aus das Kostbarste, die mittelalterliche Schreinsarchitektur betreten werden kann. Die Neuanbringung der Weihwasserbecken an den mittelalterlichen Pfeilern sowie die Aufhängung der Figuren des hl. Johannes des Täufers und des hl. Christophorus verweisen darauf, dass man mit dem Eintreten in das Ziborium einen qualitativ neuen Raumteil betritt. Doch das Atrium ist nicht nur »Entrée«. Es hat darüber hinaus eine neue Funktion im Rahmen des neuen Jugendpastoralen Zentrums. Der offen gestaltete Eingangsbereich der Kirche wird temporär für Mitmachausstellungen, Installationen und Workshops von und mit Jugendlichen genutzt. Schulklassen und Firmkurse sollen sich hier zum Beispiel im Rahmen von Projektwochen mit einem Thema der Kirche auseinander setzen. Auch eine inszenatorische Nutzung dieses Raumes ist denkbar, wenn hier eine Musical-Aufführung, ein Theaterprojekt, eine Lesung oder Ähnliches mit geistlichem Gehalt und Verkündigungscharakter den Raum anders orientiert: Dann nämlich können die neuen Bänke der Kirche auf die westliche Bühnenwand hin ausgerichtet werden.

Kirchenbänke

In diesem Zusammenhang bedürfen die neuen kistenähnlichen Kirchenbänke der Erläuterung. Während die Kirche mit Respekt vor ihrer wechselvollen Geschichte und der denkmalhaften Bedeutung auf sehr »klassische« Art wiederhergestellt beziehungsweise neu eingerichtet wurde, stellen die »Flightcases« einen deutlichen, im ersten Augenblick provozierenden Gegenpol zu dem Sonstigen des Kirchraums dar. In anderen »Jugendkirchen« in Deutschland beziehungsweise im deutschsprachigen Raum kann man anderes beobachten: Die Kirchen werden entgegen ihrer Tradition vollständig »auf Jugend gekämmt«, ihre Gestaltung wird nicht selten losgelöst von dem gewachsenen Raum. Entgegen der architektonischen und räumlichen Grundidee wird er mit neuen Ausstattungsstücken, mit Stühlen, Bildern, Teppichen, Vorhängen und Eventinstallationen verändert. Oft zeigt sich hierbei die Schwierigkeit, dass neue Ausstattung und alte Architektur, neue Gewichtung der Orte und alte Raumkräfte nicht aufeinander bezogen sind und unversöhnt nebeneinanderstehen. Die neuen Bänke in St. Johann Baptist, die bei großen Gottesdiensten durch einfache Stühle ergänzt werden können, sind das einzig sichtbare »jugendliche Element«

im neuen Kirchenraum. Ihr Charakter ist gekennzeichnet durch das Temporäre, das zeitlich Begrenzte und durch das Mobile, das Bewegliche. Diese Dimensionen sind kennzeichnend für die Lebenswelt und Lebenssituation der Jugendlichen und jungen Erwachsenen, die in die neue Kirche St. Johann Baptist eingeladen sind. Stets unterwegs, immer auf der Suche nach dem Bleibenden im Vergehenden, suchen junge Menschen nach einem Sinn für ihr Leben. Vor diesem Hintergrund erhalten die Bänke mit ihrer Symbolkraft im Kontext der Kirche eine neue Bedeutung: Die Kirche ist der Ort, an dem das jugendliche »Wo und Wohin?« sowie das »Wann und Wie lange?« von Raum und Zeit konfrontiert werden mit der Unendlichkeit und der Ewigkeit Gottes. Die jungen Menschen werden auf diese Art und Weise mit der Vorläufigkeit des »Jetzt« und »Hier« in Berührung gebracht. Sie nehmen nicht einfach in den Bänken ihrer Eltern und Großeltern Platz, sie suchen sich stattdessen selbst einen Ort, suchen sich ihren Platz in der Kirche. Aus unterschiedlichen Pfarreien und Verbänden, Stadtteilen und Lebenskontexten kommend sind die Jugendlichen Wanderer zwischen den Welten der übergroßen Angebotspaletten der modernen Gesellschaft. In diesem Zusammenhang ist die Assoziation einer Transportkiste für ein Rockkonzert im Zusammenhang mit den neuen Kirchenbänken durchaus legitim und sogar angemessen. Die Lebenswelten der Jugendlichen, die von Aufbau und Abbau, Entwurf und Abschied geprägt sind, finden ein Spiegelbild in der provokativ jugendlichen Gestaltung der Kirchenbänke.

Im Übrigen weisen die neuen Kirchenbänke Qualitäten auf, die für die neue Nutzung des Kirchenraumes von hervorragender Hilfe sind. Die Bänke können übereinander gestapelt als eine Treppenanlage aufgebaut werden, oder sie können nebeneinander gestellt und mit Bodenplatten versehen in eine Bühne verwandelt werden. Man kann sie als Säulen aufrichten und als Bildträger im Rahmen von Ausstellungen nutzen oder mithilfe von Einlegeböden in Tische und Präsentationsflächen verwandeln. Einige der Kisten werden als Stauraum Verwendung finden, andere zeichnen sich durch ein kompliziertes und eigens für St. Johann Baptist entwickeltes Innenleben aus: Der Deckel der Kirchenbank lässt sich so öffnen, dass mit zwei Handgriffen eine Sitzbank mit Rückenlehne aus der Kiste hervorgezaubert werden kann. Darüber hinaus lassen sich auf der Rückseite der Bank Schubladen herausziehen, die als Kniebänke fungieren.

Taufbereich

Der Taufbereich an der durchfensterten Südwand der Kirche hat nach der Neugestaltung seine alte Funktion zurückbekommen. Nachdem die Tabernakel-Stele durch den neuen Tabernakel im Pfeiler des mittelalterlichen Ziboriums ersetzt wurde, konnte das Taufbecken wieder seine Aufstellung an dem ursprünglichen Ort erfahren. Hiermit wird die alte Taufkapelle von Karl Band wiederhergestellt: Der gestaltete Fußboden markiert diesen Ort als Baptisterium, die Gestaltung des Fensters, das in seinen Bildwerken auf den

Das von Arnold von Siegen gestiftete Taufbecken an seinem neuen, dem alten Aufstellungsort im südlichen Seitenschiff während der Umbauarbeiten 2009

hl. Geist und das Wasser der Taufe Bezug nimmt, ist gereinigt und konservatorisch durch die Doppelverglasung gesichert worden. Hinzu kommen die kraftvolle Sprache der Befestigung des Taufdeckelarms an dem monolithischen Betonpfeiler der Bandschen Fensterfront und die metaphorische Bedeutung der Einrichtung des Tauforts am hellsten, lichtesten Ort in der Kirche. Neu ist, dass an der Ostwand des kleinen Baptisteriums im südlichen Seitenschiff der neu gestalteten Kirche das wohl bedeutendste Bildwerk der Kirchengemeinde St. Johann Baptist angebracht worden ist: Das spätromanische Bild der Gottesmutter mit dem Jesuskind fand sich früher an der Westseite des nordwestlichsten Pfeilers des mittelalterlichen Ziboriums. Als sich im Westen des Ziboriums der Laienraum befand, war diese Aufhängung hoch über den Köpfen der Gläubigen und durch einen Stein- und Bronzeverschlag gesichert vielleicht angemessen. Mit der Neuausrichtung des Kirchenraumes hat diese bedeutendste kunsthistorische Figur, die zugleich die bedeutendste Heilige der Kirche darstellt, einen neuen würdigen Ort gefunden, der die Gottesmutter den Gläubigen auf Augenhöhe präsentiert und die Möglichkeit bietet, ein Kerzenopfer anzuzünden. Den jugendlichen Nutzern und Besuchern der Kirche ebenso wie den anwohnenden Besuchern von St. Johann Baptist wird die Gottesmutter Maria als »wichtigste Fürsprecherin« und »beste Mittlerin« zur Verehrung und zum fürbittenden Gebet gezeigt.

Literatur

Birgit Kastner: *Untersuchungen zur Baugeschichte St. Johann Baptist zu Köln*, unveröffentlichte Magisterarbeit, Rheinische Friedrich-Wilhelms-Universität Bonn, Bonn 1998. – Heinz Firmenich: *St. Johann Baptist und die Elendskirche, Köln*, Neuss 1965. – Hans Vogts: *Drei Kirchen an der mittleren Severinstraße in Köln: St. Johann Baptist, Die Elendskirche, Die Kirche im Dau*, Düsseldorf 1936. – *Führer durch die Kath. Pfarrgemeinde St. Johann Baptist Köln-Mitte*, hg. vom Kath. Pfarramt St. Johann Baptist, Köln 1963. – Wilhelm Esser: *Geschichte der Pfarre St. Johann Baptist in Köln*, Köln 1885. – Ulrike Bergmann: *St. Johann Baptist, in: Colonia Romanica* 10 (1995), S. 189–195. – *Die Kunstdenkmäler der Rheinprovinz, Bd. VII,1: Die Kunstdenkmäler der Stadt Köln, Bd. II,1*, bearbeitet von Hugo Rahtgens, Düsseldorf 1911, S. 102–124.

Bildnachweis

Architekturbüro Karl Band, Nachfolger: *S. 136*; Historisches Archiv des Erzbistums Köln, Bildsammlung: *S. 118, 124, 126* (Foto: H. Claasen), *127, 129, 137, 140*; Historisches Archiv des Erzbistums Köln, GVA II 5044: *S. 129 oben*; Historisches Archiv der Stadt Köln, Nachlass Band: *S. 141*; Kölner Verkehrs-Betriebe AG: *S. 142*; Rheinisches Bildarchiv, Köln: *S. 116/117, 119, 123 oben, 124 links, 125 rechts, 128*; Stadtkonservator Köln: *S. 121, 122, 130, 131, 132, 134*; B. Kastner, Untersuchungen zur Baugeschichte St. Johann Baptist zu Köln, Magisterarbeit, Bonn 1998: *S. 120, 123 unten, 125 links, 138, 139*; Foto Dorothea Heiermann: *S. 145, 146, 148, 150*; Foto Dominik Meiering: *S. 147, 154*.

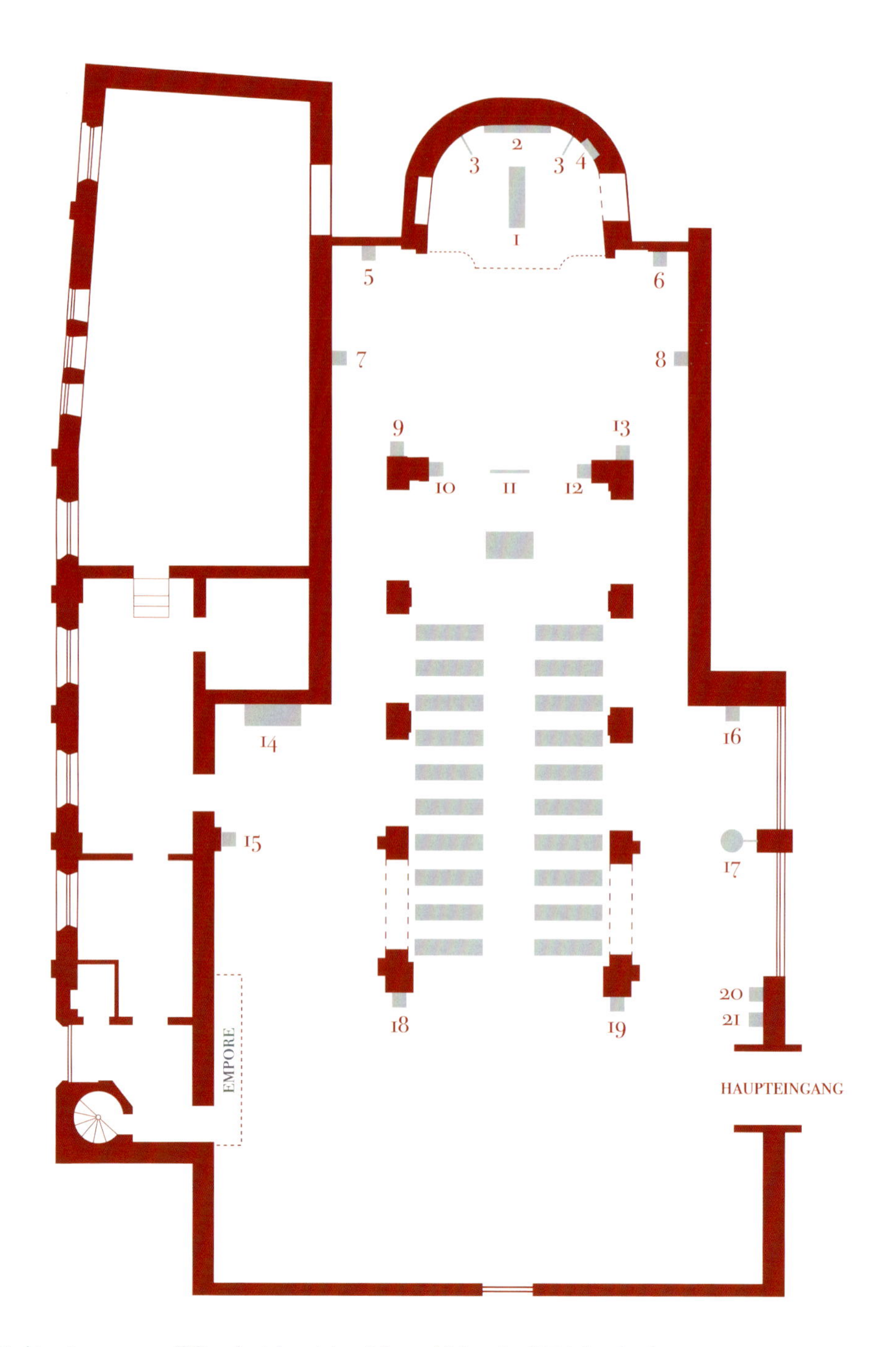

Die hier eingetragenen Ziffern beziehen sich auf die nachfolgenden Objektbeschreibungen.

Die Ausstattung von St. Johann Baptist

von Margrit Jüsten-Hedtrich

In der Pfarrkirche St. Johann Baptist sind aus nahezu allen Epochen vom Hochmittelalter bis zur Neuzeit kostbares Altargerät, Textilien und Skulpturen erhalten. Einiges, von dem wir Kenntnis haben, ist jedoch unwiederbringlich verloren oder im Laufe der Zeit veräußert worden.

Bereits im Mittelalter scheint die Ausstattung der Pfarrkirche reich gewesen zu sein. Davon zeugen die Skulptur einer thronenden Muttergottes mit Kind (um 1300), der Antonina-Schrein (1350/60), sieben Kopfreliquiare von Frauen aus der Schar der hl. Ursula (Anfang des 16. Jahrhunderts) sowie zahlreiche Schatzstücke.

Die spätmittelalterliche Ausstattung ist eng mit der Person des wohlhabenden Kirchmeisters Arnold von Siegen (1484–1579) verbunden (vgl. den Beitrag von Joachim Oepen). Im äußeren südlichen Seitenschiff der Kirche, das zu seinen Lebzeiten erbaut worden war, befand sich ein von ihm gestifteter und dotierter Altar. Für die Ausführung des Altarbildes wurde der überaus erfolgreiche Maler Bartholomäus Bruyn d. Ä. (1493–1555) gewählt, der auf den Innenseiten der Flügel die selbstbewusst wirkende Familie von Siegen, die von Heiligen empfohlen wird, darstellte. Der Stiftertätigkeit des Arnold von Siegen verdankt die Kirche außerdem das bronzene Taufbecken (1566), das sich ebenfalls im südlichen Seitenschiff befand, sowie einige kostbare Textilien. In den Jahren nach dem Tod Arnolds von Siegen scheint es keine nennenswerten Erweiterungen und Ergänzungen des Kircheninventars gegeben zu haben.

Die neuzeitliche Ausstattung von St. Johann Baptist setzt ein mit der Anschaffung eines bronzenen Adlerpultes (1619) und gipfelt im 18. Jahrhundert im Auftrag für die kostbare Prunkkanzel des Antwerpener Bildhauers Johann Franz von Helmont von 1720/21, die bis auf geringe Reste im Zweiten Weltkrieg zerstört wurde. Zahlreiche barocke Skulpturen und Schatzstücke kamen hinzu.

Obwohl die Kirche und damit auch ihre Ausstattung im 19. Jahrhundert durchgreifende Veränderungen erfuhr, konzentriert sich das erhaltene Inventar auf die Schatzkunst, vor allem auf Monstranzen und Ziborien aus den damals führenden Werkstätten des Rheinlands. Bei der Neueinrichtung der Kirche im Jahre 2009 wurde das vorhandene Inventar sensibel im Kirchenraum verteilt und vermittelt so einen Überblick über den Reichtum, den die Kirche besaß und immer noch hat.

I

Antonina-Schrein

um 1350/60
85 cm x 51 cm x 172 cm (H x B x L)
Eichenholz, vergoldet

Schon am Anfang des 13. Jahrhunderts sind die Gebeine der hl. Antonina und sechs weiterer Frauen aus der Schar der hl. Ursula im Besitz von St. Johann Baptist nachweisbar. Geborgen werden sie in einem kostbaren Schrein, der sich seit der Neueinrichtung der Kirche wieder nahezu an dem Ort befindet, für den er um 1350/60 geschaffen wurde. Vermutlich hat man in späterer Zeit die sieben Häupter dem Reliquienschrein entnommen und sie gesondert in Büstenreliquiaren (siehe dort) geborgen. Ursprünglich war der Schrein im Hochaltar aufgestellt. Als man 1658 den mittelalterlichen durch einen barocken Hochaltar ersetzte, wurde auch ein neuer Schrein gestiftet, der in der Predella Aufstellung fand. Als der barocke Antonina-Schrein in der Franzosenzeit seines Schmuckes beraubt und damit unansehnlich geworden war, entschloss man sich, den gotischen Antonina-Schrein nach einer umfassenden Restaurierung durch den Bildhauer Christoph Stephan im Aufsatz des 1882 neu geschaffenen Antonina-Altars wieder aufzustellen. Im Zuge dieser Restaurierung wurden zahlreiche Figuren ergänzt. Der 85 Zentimeter hohe, hausförmige Schrein steht in

der Tradition der rhein-maasländischen Reliquienschreine, wie sie in Köln in zahlreichen Beispielen erhalten sind. Allerdings verzichtete man hier auf das kostbare Metall, auf Email und Steinbesatz. Der Schrein ist aus Holz gearbeitet, vergoldet und mit punzierten Ornamenten versehen, die Figuren sind separat geschnitzt und mit Dübeln am Schrein befestigt. Auf einer der Giebelseiten, unter einem maßwerkgeschmückten Spitzbogen, ist Christus als Weltenrichter auf dem Regenbogen dargestellt, ihm zur Seite Maria und Johannes der Täufer. Auf der gegenüberliegenden Giebelseite nimmt eine gekrönte Frau – Ursula oder Antonina – sechs kleine Frauen schützend unter ihren ausgebreiteten Mantel. An den Langseiten sitzen die zwölf Apostel unter spitzbogigen Maßwerkblenden, auf den Dachflächen in Vierpässen sind zwölf Ursulanische Jungfrauen mit Palmen dargestellt. Die Datierung des Schreins ergibt sich daraus, dass die sitzenden Apostelfiguren in der Tradition des um 1350 entstandenen Klarenaltars im Kölner Dom stehen.

Giebelseite des Antonina-Schreins mit Ursula oder Antonina

2

Reliquienbüsten

Anfang des 16. Jahrhunderts
Höhe: etwa 50 cm bzw. 80 cm, Holz

Sieben vollrund gearbeitete Reliquienbüsten bergen die aus dem Antonina-Schrein entnommenen Häupter der Märtyrerinnen aus dem Gefolge der hl. Ursula. Entstanden sind die Büsten am Anfang des 16. Jahrhunderts. Sie haben keine originale Farbfassung bewahrt, sondern sind in jüngerer Zeit einheitlich silber- und goldfarben ganzflächig übermalt worden. Sechs der Büsten haben gemeinsam, dass es sich um armlose halbhohe Büsten handelt (vgl. Abb. oben links). Die siebte, entsprechend höhere Reliquienbüste, zeigt eine Frau als Halbfigur mit Armen (Abb. oben rechts). In ihr kann man sicherlich eine Darstellung der hl. Antonina vermuten. Die Büsten lassen unter der Übermalung eine sehr reiche Gewandbehandlung erahnen, auch die Frisuren und Kopfbedeckungen sind sehr variationsreich gestaltet. Gemeinsam sind allen sieben Büsten stark abfallende Schultern und die großen Schauöffnungen für die Reliquie. Bei den sechs halbhohen Büsten scheinen deren runde oder quadratische Rahmungen an präzise geschnitzten Kettengliedern zu hängen. Bei der halbfigurigen Büste erkennt man eine runde tief sitzende Schauöffnung. Die Reliquienbüsten sind vermutlich in der Werkstatt der sogenannten »von Carbenschen Gedächtnisstiftung« entstanden, in der eine große Anzahl zumeist weiblicher Reliquienbüsten hergestellt wurde. Sie gehören zum weiteren Umkreis der in Köln am Anfang des 16. Jahrhunderts dominierenden Werkstatt des Meisters Tilmann.

3

Zwei Adlerpulte

1619 und 1723
Höhe: 77 cm
Bronze

In St. Johann Baptist sind zwei große bronzene Lesepulte in Gestalt von Adlern erhalten. Die beiden 77 Zentimeter hohen Adler stehen mit ihren Klauen auf einer runden gewölbten Standfläche, die von einem schmiedeeisernen Schwenkarm gehalten wird. Das Gefieder der Tiere wirkt am Körper sehr bewegt und erinnert eher an weiches Fell. Die Federn der ausgebreiteten Flügel dagegen sind streng gerade ausgerichtet. Die Köpfe der Vögel, ausgezeichnet durch große Augen und kräftige Schnäbel, sind nach rechts gewendet. Auf den ausgebreiteten Flügeln konnten liturgische Bücher aufgelegt werden, die von den umgebogenen Schwanzfedern unten gehalten wurden. Nur selten kommen Adlerpulte paarweise vor. Das kann damit erklärt werden, dass Epistel und Evangelium an verschiedenen Plätzen und deswegen auf zwei getrennten Adlerpulten verlesen werden. Rechnungen des 18. Jahrhunderts belegen, dass die identisch aussehenden Pulte von St. Johann Baptist im Abstand von fast 100 Jahren entstanden sind. Das jüngere Pult von 1723 ist der Abguss des älteren von 1619. Das ältere der beiden Pulte war ursprünglich als Lesepult am Predigtstuhl (Kanzel) angebracht. Dieser Predigtstuhl wurde entfernt, als es 1720/21 zur Aufstellung der im Zweiten Weltkrieg zum Opfer gefallenen Prunkkanzel von Johann Franz von Helmont kam. In der Folge gab man einen Abguss des Adlerpultes in Auftrag und brachte beide Pulte am Eingang des Chores zur Verlesung von Evangelium und Epistel an.

4

Votivbild des Propstes Jakob Chimarrhaeus

um 1600

Höhe: 72 cm, Breite: 42,5 cm, Kupfer getrieben

Inschriftplatte Länge 31 cm, Breite: 8 cm, Kupfer, gravierte Inschrift (hier nicht abgebildet)

Der 1542 in Roermond geborene Jakob Chimarrhaeus hatte am Hof Kaiser Rudolfs II. in Prag Karriere gemacht. Zunächst als Sänger und Kaplan der Hofkapelle, war er später für die Musik am Hof und vor allem für die Liturgie zuständig. Durch seine bedeutende Stellung am Hof hatte er zahlreiche Kanonikate inne, so unter anderem an St. Gereon und St. Severin in Köln, wo er zwischen 1594 und 1614, seinem Todesjahr, Propst war. Seine Primiz feierte er 1600 in St. Johann Baptist. Vermutlich erfolgte die Stiftung des Votivbildes zu diesem Anlass. Auf der sehr detailreich gearbeiteten Kupferplatte ist die Taufe Jesu im Jordan durch Johannes zu sehen. Jesus ist bis zu den Knien vom Wasser des Jordan umspült. Der Täufer, bekleidet mit einem Tierfell, kniet mit einem Bein auf einem Felsen und hat das andere Bein auf den Grund des Flusses gestellt. Mit seiner erhobenen Rechten gießt er aus einer Schale das Wasser über das Haupt Christi. Ihm gegenüber stehen zwei Engel, die dem Geschehen beiwohnen. In den Wolken, umgeben von Engeln befindet sich eine Gloriole mit der hebräischen Inschrift »Jehova«, darunter die Taube des Heiligen Geistes in einem Strahlenkranz. Die gravierte Inschriftplatte nennt die zahlreichen Würden des Jakob Chimarrhaeus und den Anlass der Stiftung. Vermutlich ist das Votivbild – wie das Epitaph des Jakob Chimarrhaeus in St. Severin – in einer böhmischen Werkstatt entstanden.

5

Maria mit Kind

18. Jahrhundert
Höhe: ca. 1,25 m
Holz, farbig gefasst

Die bewegte Figurengruppe zeigt Maria mit dem in ihrer linken Armbeuge sitzenden nackten Jesusknaben. Sie ist bekleidet mit einem gegürteten silbernen Kleid, das auf ihrem rechten, als Spielbein zurückgesetzten Bein aufliegt. Ein blauer, vor der Brust geschlossener Mantel ist über das Untergewand gelegt und wird von ihr mit der linken Hand als Sitz für den Jesusknaben hochgezogen. Maria hat ihren mit einem turbanartig gebundenen Schleier bedeckten Kopf dem Kind zugewandt. In ihrer rechten Hand hält sie ein Zepter. Das Kind hat die Beine überkreuzt und hebt seinen rechten Arm im Segensgestus. In der anderen Hand kann ein verlorenes Attribut, vielleicht ein Zepter vermutet werden. Die barocke Figurengruppe ist im 18. Jahrhundert entstanden.

6

Hl. Rochus

Köln, 18. Jahrhundert
Höhe: 1,27 m
Holz, farbig gefasst

Der hl. Rochus ist in dieser Skulptur als Pilgerheiliger dargestellt. Er ist mit einem knielangen gegürteten Gewand bekleidet, über das er einen weiten Mantel gelegt hat. In seiner rechten Hand hält er Pilgerstab und Pilgerhut. Das hochgezogene Untergewand entblößt seinen rechten Oberschenkel, auf dem eine Pestwunde zu sehen ist. Zu seinen Füßen sitzt ein Hund. Die Art und Weise der Darstellung erklärt sich aus der legendären Überlieferung zu diesem Heiligen: Nachdem er sein Vermögen den Armen geschenkt hatte, trat er in den Dritten Orden der Franziskaner ein und ging 1317 auf Pilgerfahrt nach Rom. Während dieser Reise half er bei der Pflege von Pestkranken. Rochus wurde die Gabe nachgesagt, Pestkranke durch das Zeichen des Kreuzes heilen zu können. Auf der Rückreise von der Pilgerfahrt wurde er selbst von der Pest befallen. Da er im Hospital wegen seiner Armut nicht aufgenommen wurde, zog er sich in eine Hütte im Wald zurück. Da erschien ein Engel zu seiner Pflege und ein Hund brachte ihm Brot, bis er genesen heimkehren konnte. Seit dem späten 15. Jahrhundert – 1485 erfolgt die Übertragung seiner Reliquien nach Venedig – hat die Verehrung des hl. Rochus vor allem als Patron der Pestkranken weite Verbreitung gefunden. Oft wird er gemeinsam mit den Vierzehn Nothelfern dargestellt. Die barocke Skulptur in St. Johann Baptist ist im 18. Jahrhundert vermutlich in der selben Werkstatt wie die Figur des hl. Johannes von Nepomuk entstanden.

7

Hl. Elisabeth

17. Jahrhundert
Höhe: ca. 1,40 m
Holz, ungefasst

Die ungarische Königstochter Elisabeth (1207–1231), die schon als Kind mit dem Sohn des thüringischen Landgrafen verlobt wurde und im Alter von 14 Jahren heiratete, zeichnete sich zeitlebens durch besondere Mildtätigkeit und Sorge für die Armen und Kranken aus. Nach dem Tod ihres Mannes auf dem Kreuzzug wurde sie von thüringischen Hof vertrieben, zog 1229 nach Marburg und gründete dort ein Spital, in dem sie bis zu ihrem Tod arbeitete. Bereits vier Jahre nach ihrem Tod wurde Elisabeth heilig gesprochen. In ihren Lebensbeschreibungen ist von zahlreichen wundersamen Ereignissen die Rede. Auf eines der wohl bekanntesten, das Rosenwunder, bezieht sich die Figur in St. Johann Baptist. Elisabeth ist durch ihre prächtige Kleidung und eine Krone als Landgräfin von Thüringen gezeigt. Sie hält in ihrer linken Hand einen Korb mit Rosen, in ihrer rechten Hand ein Spitzbrot. Der Legende nach lagen in dem Korb Brote, die sie an die Armen verteilen wollte. Ihr Mann, von den Verwandten wegen Elisabeths angeblicher Verschwendung aufgehetzt, fragte sie, was sie in dem Korb trage. Ihre Antwort lautete »Rosen« und tatsächlich hatten sich die Brote in Rosen verwandelt. Die barocke Figur der hl. Elisabeth ist offensichtlich auf Untersicht gearbeitet und hatte nie eine farbige Fassung.

8

KANZEL *(bis auf geringe Reste im 2. Weltkrieg zerstört)*
1720/21, signiert: Johann Franz von Helmont
(Geburtsdatum unbekannt, gestorben vor 1756 in Köln)
Höhe: ca. 5 m; Eichenholz, ungefasst

1720 erhielt der um 1700 aus dem Antwerpener Raum nach Köln gekommene Bildhauer Johann Franz von Helmont den Auftrag, für die Pfarrkirche St. Johann Baptist eine neue prunkvolle Kanzel anzufertigen. Dieses sicherlich prominenteste barocke Ausstattungsstück der Kirche wurde bis auf geringe Reste im Zweiten Weltkrieg zerstört. Einzig erhalten sind Teile des schmiedeeisernen Gitters, des Kanzelfußes und die ehemals das Werk bekrönende Reliefgruppe mit der Darstellung Gottvaters. Die Kanzel war am südöstlichen Pfeiler des Mittelschiffs angebracht und ersetzte einen älteren Predigtstuhl, an dem ein Adlerpult (siehe dort) angebracht war. Eine Treppe mit schmiedeeisernem Gitter führte hinauf zum Kanzelkorb. Dieses Gitter hatte der Kölner Kunstschmied Hermann Bocholtz geschaffen. Die spiralig gedrehten Ranken ähneln stark denen der Schwenkarme an den beiden Adlerpulten. Am Kanzelkorb waren Reliefs angebracht, die Johannes den Täufer und Szenen aus dem Leben Christi – Verkündigung, Geburt, Kreuzigung und Auferstehung (auf der Kanzeltür) – zeigten. Die Bildfelder waren durch stark plastisch gearbeitete Hermen mit Prophetendarstellungen voneinander getrennt. Am Fuß der Kanzel befanden sich die Brustbilder der vier Kirchenväter.

Über dem Kanzelkorb hing ein prächtiger, mit reicher plastischer Zier geschmückter Schalldeckel, der weit über den Kanzelkorb in den Kirchenraum hineinragte und von einer Darstellung Gottvaters bekrönt war. Dieses Relief ist erhalten und in der Kirche zu sehen. Von Engelsköpfen umgeben schwebt Gottvater auf Wolken. Seine Hände liegen auf der Weltkugel und stützen ein Kreuz. Von der Taube des Heiligen Geistes unter ihm strahlten die Sieben Gaben des Heiligen Geistes aus. Runde Schilde, von Flammen umgeben, nennen die Namen der Gaben des Heiligen Geistes. Unter der Kanzel befand sich die Skulptur eines sich windenden Drachen, Zeichen des überwundenen Bösen. Die Kanzel von St. Johann Baptist stand wie auch die bereits 1710 entstandene Kanzel von St. Kolumba in der Tradition flämischer Prunkkanzeln und transportierte im ersten Drittel des 18. Jahrhunderts eine für Köln gänzlich neue zeitgemäße Formensprache.

9
Hl. Johannes von Nepomuk

Mitte des 18. Jahrhunderts
Höhe: ca. 1,30 m; Holz; farbig gefasst

Die Lebenszeit des um 1350 geborenen Böhmen Johannes von Nepomuk ist geprägt durch Spannungen zwischen Kirche und Staat. Als Generalvikar der Prager Erzdiözese verteidigte er die Rechte der Kirche gegen Angriffe des böhmischen Königs Wenzel IV., zog sich damit dessen Zorn zu und wurde 1394, der Überlieferung nach unter Beteiligung des Königs, in der Moldau ertränkt. Nach der Legende entsprang der Streit mit dem König seiner Weigerung das Beichtgeheimnis zu brechen, da er dem König nicht verraten wollte, was ihm die Königin in der Beichte anvertraut hatte. Seine Heiligsprechung erfolgte 1721, 350 Jahre nach seinem Tod. Dargestellt wird Johannes von Nepomuk, wie auch bei der Skulptur in St. Johann Baptist, in sogenannter Chorkleidung mit Rochett und umgelegter Mozzetta (ein bis zu den Ellbogen reichender Schulterkragen). In seiner rechten Hand hält er ein Kreuz, dem er sich mit nach rechts geneigtem Haupt zuwendet. Sein Kopf ist von einem Birett bedeckt. Aufgrund seines Martyriums im Wasser der Moldau stehen Skulpturen des Johannes von Nepomuk sehr häufig auf Brücken. Die Figur in St. Johann Baptist wird um die Mitte des 18. Jahrhunderts entstanden sein.

10/11/12

Kreuzigungsgruppe

um 1520
Christus, Höhe: etwa 1,80 m, Holz, um 1500
Maria und Johannes, Höhe jeweils: ca. 1,50 m,
Holz, an beiden Figuren Reste farbiger Fassung

Eine nicht zusammengehörige Kreuzigungsgruppe, von der Teile ehemals an der Außenwand des Küsterhauses unter einem Kielbogen aufgestellt waren (vgl. Abb. S. 73 links, S. 92), befindet sich heute in der Kirche. Ältester Teil der Dreiergruppe, bestehend aus dem Gekreuzigtem und den Assistenzfiguren Maria und Johannes, ist der Kruzifix. Mit drei Nägeln ist die lebensgroß dargestellte Figur Jesu an das Kreuz geheftet. Der Körper weist keine Spuren der Geißelung auf. Sein dornengekröntes Haupt ist zur rechten Seite gesunken. Die nicht zugehörigen, kleineren Figuren der Muttergottes (links) und des Apostels Johannes (rechts) sind als raumgreifende Gewandfiguren gearbeitet. Die Darstellung beider Figuren orientiert sich sich formal an einem auf das Jahr 1516 datierten Stich von Albrecht Dürer. Ihre Körper werden fast vollständig von den Gewändern umhüllt. Es haben sich tief eingegrabene Falten gebildet, die ein reiches Spiel von Licht und Schatten vermitteln und die Plastizität der Figuren verdeutlichen. Maria, deren Kopf von einem Schleier bedeckt ist, hat mit ihrer linken Hand einen Zipfel des Schleiers ergriffen und führt ihn zu ihrem Gesicht. Es handelt sich dabei um einen in der Kölner Malerei der Zeit üblichen Trauergestus. Der auf der anderen Seite des Kreuzes stehende Johannes hat den von reichen Locken umrahmten Kopf nach oben zur Gestalt Christi gerichtet und seine geöffneten Hände erhoben. Dadurch bilden sich parallel verlaufende Röhrenfalten, durch die seine Hinwendung zum Gekreuzigten noch einmal verdeutlicht wird. Zeitlich anzusetzen sind die beiden Figuren um 1520.

Anm.: Die Figur „Jesu am Kreuz" befand sich bei der Erstellung dieses Buches noch in der Restaurierung und konnte daher hier nicht abgebildet werden.

13

Heiliger Bischof

Zweite Hälfte des 17. Jahrhunderts
Höhe: etwa 1,30 m
Holz, farbig gefasst

Die Figur eines heiligen Bischofs ist in reichem bischöflichen Ornat dargestellt. Die Kostbarkeit der Gewänder, vor allem des Chormantels, der von einer reich verzierten Schließe gehalten wird, wird durch die farbige Fassung noch unterstrichen. Der bärtige Bischof hält in seiner rechten Hand den Bischofsstab, in seiner linken Hand stützt er ein großes Buch. Da als Attribute nur Stab und Buch vorhanden sind, kann der Bischofsfigur kein bestimmter Heiliger zugeordnet werden. Der örtlichen Überlieferung nach soll es sich um den hl. Servatius handeln.

Die Beschreibung des Annen-Altars lesen Sie auf der nächsten Seite.

14

Annen-Altar

1605

Höhe: 3,10 m; schwarzer und farbiger Marmor

Ehemals befand sich im inneren südlichen Seitenschiff ein der hl. Anna geweihter Altar. Er war eine private Stiftung der Cäcilia Therlan zum Andenken an ihren 1605 verstorbenen Mann, den Kölner Bürgermeister Marcus Beyweg. Das Jahr der Stiftung geht hervor aus einem Chronogramm oberhalb des Altarbildes. Bei einem Chronogramm, das meist in lateinischer Sprache verfasst ist, kann man aus allen darin vorkommenden Buchstaben, die auch römische Zahlensymbole sind (I, V, X, L, C, D, M), zusammengezählt eine Jahreszahl erhalten. Sie bezieht sich auf das Ereignis, das im Text des Chronogramms beschrieben wird. Hier sind die Zahlensymbole durch größer herausgearbeitete Buchstaben hervorgehoben und ergeben die Jahreszahl 1605.

Die zugehörige Altarmensa ist nicht mehr vorhanden, ebenso die an den seitlichen Säulen angebrachten Flügel, mit denen das Altarbild verdeckt werden konnte. 1880 versetzte man den jetzt nur noch vorhandenen Altaraufbau in die Vorhalle der Kirche, nach dem Zweiten Weltkrieg erfolgte eine erneute Versetzung an die nördliche Ostwand. Bei der Neueinrichtung der Kirche 2009 wurde der Annen-Altar mit einer von Ingrid Bussenius entworfenen Altarmensa an der Ostwand des nördlichen Seitenschiffs wieder komplettiert.

Auf dem Altarbild, einem weißen Marmorrelief, ist mit offensichtlich großer Erzählfreude die Auferweckung des Jünglings von Nain dargestellt (Lk 7, 11-15). Dieser ist im Begriff sich von der schräg ins Bild gesetzten Bahre zu erheben, auf der er als Toter geruht hatte. Jesus, auf der rechten Seite vor seinen Jüngern stehend, hat den rechten Arm segnend erhoben und reicht dem aufstehenden Jüngling seine Linke. Die Zuschauer am linken Bildrand wohnen dem Geschehen mit Staunen bei. Ein Träger, der die Bahre abgestellt hat, wendet sich erschrocken zu Seite.

Das Altarbild wird oben von einem verkröpften Gesims eingefasst. Im Altarauszug, der von Fruchtgehängen flankiert wird, befindet sich eine Skulpturengruppe der Anna Selbdritt (Anna, Maria und der Jesusknabe). An den Seiten oberhalb der Säulen stehen Figuren des hl. Johann Baptist (links) und der hl. Antonina (rechts). Außen sind die Wappenschilder des Markus Beyweg und der Stifterin Cäcilia Therlan angebracht.

Der 1605 entstandene Annen-Altar steht in der Tradition niederländischer Bildhauerkunst. Allerdings ist er in einer Kölner Werkstatt entstanden, da dem namentlich unbekannten Meister, der mit Notnamen »Monogrammist HK« benannt wird, noch weitere Werke in Köln zugeschrieben werden können.

15

Hll. Anna und Maria

(Unterweisung Mariens)

Köln um 1480

Höhe: 93 cm

Holz, farbige Fassung

Die um 1480 datierte Figurengruppe zeigt die hl. Anna auf einer flachen Thronbank sitzend. Sie hält in ihrer rechten Hand einen Apfel. Neben ihr sitzt die erheblich kleiner dargestellte Maria. Zwischen Anna und Maria befindet sich ein aufgeschlagenes Buch. Beide Frauen sind mit einfachen Gewänden bekleidet. Anna trägt über ihrem schlichten Untergewand einen weiten Mantel, dessen Faltenwurf die Blockhaftigkeit der Gruppe unterstreicht. Über ihren Kopf hat sie einen Schleier gelegt. Es ist die Möglichkeit erwogen worden, dass das aufgeschlagene Buch eine spätere Zutat ist und zwischen Maria und Anna ursprünglich der sitzende Jesusknabe dargestellt war, der heute verloren ist. Damit wäre die Gruppe erst in jüngerer Zeit von einer »Anna Selbdritt« (Anna, Maria und der Jesusknabe) zu einer Gruppe »Unterweisung Mariens« umgearbeitet und umgedeutet worden. Die Gruppe ist ein schönes Beispiel für die produktiven Kölner Werkstätten am Ende des 15. Jahrhunderts, in denen vor allem Madonnen und Vesperbilder hergestellt wurden.

16

Thronende Muttergottes mit Kind

Köln um 1300, Höhe: 87 cm
Nussbaum, überwiegend originale Farbfassung

Maria sitzt auf einer flachen Bank. Sie ist bekleidet mit einem langen, gegürteten goldgefassten Gewand. Ihren Umhang hat sie unter dem rechten Unterarm als Bausch durchgezogen, ein Motiv, das bei Standfiguren häufig vorkommt, bei einer Sitzfigur jedoch ungewöhnlich ist. Die rechte Hand liegt auf ihrer Brust. Mit der linken Hand stützt Maria den auf ihrem linken Knie sitzenden Jesusknaben. Dieser ist mit einem langen Hemd bekleidet, das am Hals und an seinem unteren Abschluss wie das Gewand seiner Mutter mit einer kostbaren, steinbesetzten Borte geschmückt ist. Der Jesusknabe hält in seiner rechten Hand eine Kugel, in der anderen Hand einen Vogel, der seine Schwingen ausgebreitet hat und das Kind in den Zeigefinger zwickt. Die kostbare Figurengruppe in St. Johann Baptist vereinigt ältere und neue Motive. Sie verbindet in frischer und innovativer Weise Anregungen aus dem gotischen Frankreich mit heimischen Reminiszenzen (Ulrike Bergmann). Das Gewand von Mutter und Kind ist bereits komplett goldgefasst, was erst in der Kölner Skulptur des 14. Jahrhunderts allgemein üblich ist. Dagegen ist der Jesusknabe noch auf dem Schoß der Mutter sitzend dargestellt, während die meisten Skulpturen dieser Zeit bereits ein stehendes Kind zeigen.

Margrit Jüsten-Hedtrich

17

Taufbecken

1566
Höhe: 2,15 m
Messing

1566 stiftete der Kirchmeister von St. Johann Baptist, Arnold von Siegen (1484–1579), ein 2,15 Meter hohes Taufbecken aus Messing (Messing oder Gelbguss-Legierung aus Kupfer und Zink). Genannt wird der Stifter in einer Inschrifttafel auf dem Deckel – HER ARNOLDT VON SEGEN RITTER KAISERLICHER MAIESTAIT RAIT. A(NN)O 1566 –, außerdem ist er gleich mehrfach durch sein Familienwappen präsent. Das Taufbecken befand sich ursprünglich im westlichen Joch des äußeren südlichen Seitenschiffs. Vermutlich hatte der Stifter selbst diesen Ort zur Aufstellung bestimmt, da der Bauteil mit mehreren Stiftungen der Familie von Siegen verbunden war. So hatte Arnold von Siegen hier einen Altar gestiftet und dotiert, außerdem befand sich dort die Familiengrablege. Das Taufbecken ähnelt einem Deckelpokal. Aus dem runden, reich profilierten Fuß, der von drei sitzenden, ehemals Wappen haltenden Löwen gestützt wird, wächst ein ebenfalls profilierter Schaft mit Nodus auf, der die glatte Kuppa trägt. Auf dem schlichten halbkugeligen Deckel steht eine Figur Johannes des Täufers, der in seiner ausgestreckten Hand eine Taufschale hält. Damit der schwere Messingdeckel bewegt werden konnte, ist er mit einem schmiedeeisernen Schwenkkran verbunden, der in einen Haltering auf dem Kopf der Johannesfigur eingreift. Ähnliche Taufbecken gab es in Köln mehrere. Erhalten sind das um 1550 entstandene Taufbecken in St. Kolumba, die eng verwandte Taufe in St. Peter von 1569 sowie die Ende des 17. Jahrhunderts geschaffene Bronzetaufe von Klein St. Martin, heute in der nördlichen Konche von St. Maria im Kapitol.

18

Hl. Johann Baptist

17. Jahrhundert
Höhe: 1,35 m
Holz, farbige Fassung

Johannes der Täufer, der Titelheilige der Kirche, ist bekleidet mit einem härenen, gegürteten Leibrock. Dieses wadenlange Gewand aus Kamelhaar deutet darauf hin, dass Johannes sich bereits in frühem Alter zu asketischem Leben in die Wüste zurückgezogen hatte. Über das Gewand hat er einen Stoffumhang gelegt, der auf seiner linken Schulter aufliegt, hinter dem Rücken her geführt ist und dessen Ende über den linken Unterarm gezogen ist. Der Umhang bildet vor seinen Körper weiche Falten, liegt auf dem zurückgesetzten rechten Bein auf und macht so das Standmotiv – Standbein und zurückgesetztes Spielbein – des Heiligen deutlich. Auf seiner ausgebreiteten linken Hand liegt ein Buch, auf dem das Lamm Gottes sitzt. Mit der erhobenen rechten Hand weist er darauf hin. Das Lamm ist das Hauptattribut des Johannes, hatte er doch mehrfach beim Anblick Jesu verkündet (Joh 1, 29, 36): »Siehe, das Lamm Gottes, das die Sünde der Welt wegnimmt«. Vielleicht ist noch eine Kreuzfahne in seiner rechten Hand zu ergänzen, die auf die Passionsprophetie hinweist.

19

Hl. Christophorus

18. Jahrhundert
Höhe: 1,30 m
Holz; farbige Fassung

Auf einen kräftigen Stock gestützt schreitet Christophorus durch das Wasser, das auf dem Sockel durch Wellenstrukturen angedeutet ist. Seine rechte Hand, mit der er auch den umgelegten Mantel greift, hat er in die Hüfte gestemmt, so dass der Jesusknabe, der auf seiner rechten Schulter sitzt, Halt findet. Das Jesuskind greift mit seiner Linken in das Haar des Christophorus, die Rechte hält es im Segensgestus erhoben. Einem besonders populären Strang der Legende nach hatte der Riese Christophorus die Aufgabe übernommen, Menschen auf dem Rücken über einen reißenden Fluss zu tragen. Eines Nachts wollte ein Kind über den Fluss getragen werden. Als Christophorus mit dem Kind auf der Schulter ins Wasser stieg, wurde ihm trotz seiner großen Körperkraft die Last immer schwerer. Das Kind offenbarte sich ihm als Christus und taufte ihn. Als Bestätigung der Taufe ergrünte der Stab. Christophorus ist bis auf den heutigen Tag ein außerordentlich populärer Heiliger und gehört zu den Vierzehn Nothelfern. Da die Betrachtung seines Bildes vor dem gefürchteten jähen Tod schützten sollte, wurde er häufig auf Toren, in Kirchen und auf Häusern dargestellt. In jüngerer Zeit gilt er als Schutzpatron der Autofahrer. Zahlreiche Autofahrer haben eine Plakette mit Christophorusbild in ihrem Auto.

20
Hl. Antonius von Padua

21
Hl. Judas Thaddäus

Als Andachtsbilder befinden sich in St. Johann Baptist die Figuren des hl. Antonius von Padua und des hl. Judas Thaddäus, zwei besonders beliebten, volkstümlichen Heiligen. Die farbig gefasste Figur des hl. Antonius von Padua ist am Anfang des 20. Jahrhunderts entstanden. Antonius trägt den braunen Habit der Franziskaner und hält den Jesusknaben auf dem Arm. Er ist Patron der Liebenden und der Ehe und wird unter anderem angerufen mit der Bitte um Hilfe beim Wiederauffinden verlegter Gegenstände. Der Apostel Judas Thaddäus, meist mit einer Keule dargestellt, durch die er das Martyrium erlitten hat, wird als Helfer in verzweifelten Situationen und bei schweren Anliegen angerufen. Die holzsichtige Figur des Judas Thaddäus ist in den 20er-Jahren des 20. Jahrhunderts entstanden.

Johannes
nomen
eius
Dominus
Deus Israel

EMPORE

VIER RELIEFS VOM EHEMALIGEN HOCHALTAR

Richard Moest

1894

Höhe: zwischen 84 cm und 93,4 cm, Breite: 77,5 cm

Eichenholz, farbige Fassung

Der ehemalige Hochaltar von St. Johann Baptist war ein Tabernakelaltar mit Flügeln. Zu Seiten des Expositionsthrones befanden sich an jeder Seite zwei Reliefs mit Szenen aus dem Leben des hl. Johannes des Täufers. Die heute auf der Empore befindlichen Reliefs zeigen a) die Geburt des Johannes, b) die Predigt Johannes des Täufers, c) die Taufe Christi im Jordan und d) Salome vor Herodes mit dem abgeschlagenen Haupt des Johannes.

Die vier Szenen sind klar – meist symmetrisch – aufgebaut und durch die Konzentration auf wenige Personen gut lesbar. In den Reliefs sind Elemente niederländischer Kunst mit italienischer Skulptur des 15. Jahrhunderts verbunden. Der Bildschnitzer Richard Moest (1841-1906) war ein bedeutender Kunstsammler und Restaurator. Er schuf überwiegend neugotische Skulpturen und Reliefs für rheinische Kirchen.

Antependium mit Anbetung der Heiligen Drei Könige

Erstes Drittel des 16. Jahrhunderts
Entstehungsort unbekannt, Flandern oder Köln
Höhe: 0,85 m; Breite: 1,75 m
Wolle, Leinen, Seide, Gold- und Silberlahn

In St. Johann Baptist sind zahlreiche kostbare Textilien erhalten, vor allem liturgische Gewänder (Kaseln und Dalmatiken) aus dem 15. und 16. Jahrhundert. Stellvertretend für alle Textilien sei hier auf ein besonders kostbares Antependium hingewiesen, das ehemals vor einem Altar angebracht war. Die Szene der Anbetung der Heiligen Drei Könige ist vor einem gelben, mit rotem Granatapfelmotiv geschmückten Hintergrund zu sehen. Auf einem flachen Podest sitzt Maria mit dem nackten Jesusknaben auf dem Schoß. Ihr nähern sich von beiden Seiten die Heiligen Drei Könige. Auf ihrer linken Seite kniet der älteste König und wendet sich dem Jesusknaben zu. Seine Gabe hat er in einem goldenen Gefäß zu Füßen Marias abgestellt. Hinter ihm steht der jüngste der Könige, ein Mohr, und überreicht Josef seine Gabe in einem kostbaren Ziborium. Der mittlere König auf der rechten Seite Mariens hat seine Kopfbedeckung abgenommen und hält in seiner Linken ein kostbares Gefäß. Begleitet sind die Drei Könige von je einem Fahnenträger, der eine Standarte mit den fiktiven jeweiligen Wappen hält: Halbmond und Stern, Sterne und ein Mohr ordnen die Heiligen Drei Könige den Erdteilen Asien, Europa und Afrika zu. Da am Gewandsaum Mariens die Buchstaben ARN und ON zu lesen sind, wurde vermutet, dass es sich vielleicht um den durch die Gewandfalten nicht komplett zu lesenden Namen des Arnold von Siegen (1484–1579) handeln könnte, von dessen zahlreichen Stiftungen für St. Johann Baptist bereits mehrfach die Rede war.

Liturgische Geräte

Trotz einiger Verluste hat sich im Kirchenschatz von St. Johann Baptist eine Vielzahl liturgischer Geräte erhalten. Nicht alle werden regelmäßig für die Liturgie benutzt. Aus diesem Grunde wurde bei der Neueinrichtung der Kirche entschieden, einige besonders kostbare Schatzstücke in einem von Ingrid Bussenius entworfenen Tresorschrank an der Nordseite des Chores auszustellen.

Gezeigt werden liturgische Geräte aus der Zeit der Spätgotik bis in die Neuzeit, wobei ein Schwerpunkt auf der Zeit der Neugotik liegt.

Ziborium

um 1400
Höhe: 47,5 cm
Silber, vergoldet, graviert

Der sechsseitige Gefäßkörper auf sechspassigem Fuß und Schaft mit Nodus ist mit gravierten Heiligendarstellungen geschmückt: Christus Salvator, der Muttergottes und den hll. Johannes d.T., Matthäus, Antonina und Katharina. Der Deckel ist von einer gotischen Kleinarchitektur bekrönt.

Monstranz

1897
Höhe: 60 cm; Silber, vergoldet, Figurenschmuck aus gegossenem Silber, Steinbesatz

Es handelt sich um eine laut Inschrift auf dem Fuß in der Werkstatt des Franz Xaver Hellner in Kempen geschaffene Monstranz. In die Architekturbaldachine sind silberne Figuren u.a. der hll. Helena, Franziskus, Johannes des Täufers und der hl.Katharina eingestellt. Bekrönt wird die außerordentlich reich gestaltete Monstranz von einem Kreuz. Über einer kleinen Tragefigur kann der Schauzylinder mit von Engeln getragener steinbesetzter Lunula eingesetzt werden.

Ziborium

17. Jahrhundert
Höhe: 52 cm
Silber, vergoldet

Auf dem Deckel des barocken Ziboriums sind Teile eines älteren, spätgotischen Ziboriums übernommen. Es handelt sich um eine Baldachinarchitektur mit eingestellter betender Muttergottes. Der Stifter ist in einer Inschrift auf dem Fuß genannt. Eine applizierte Silberkartusche weist darauf hin, dass das Ziborium vom katholischen Jünglingsverein der Pfarre zum goldenen Priesterjubiläum des Pfarrers M. Juris renoviert worden ist.

Monstranz

1885
Höhe: 70 cm
Silber vergoldet, Email, Niello und Steinbesatz

Die in der Werkstatt des Gabriel Hermeling entstandene Monstranz endet in einem kleinen Turm, der von einem Kreuz bekrönt ist.

Reliquienostensorium

Ende des 19. Jahrhunderts
Höhe: 36 cm
Silber, vergoldet und Steinbesatz

Das Schaugefäß birgt in zwei übereinander liegenden Öffnungen die kostbaren Reliquien des hl. Franz von Assisi. Seitlich angebracht unter Baldachinen sind Engel mit Spruchbändern. Das Ostensorium ist von einem Baldachin mit verlorener Kleinskulptur bekrönt.

Ziborium

Ende des 19. Jahrhunderts
Höhe: 45 cm
Silber vergoldet

Das neugotische Ziborium hat einen sechspassigen Fuß mit eingravierten Darstellungen des Lamm Gottes und der vier Evangelistensymbole. Auf dem Deckel befindet sich ein kleiner Baldachin, in den eine silbergegossene Figur der Maria auf der Mondsichel eingestellt ist.

Messtablett mit Pollen

Ende des 19. Jahrhunderts
Tablett Länge: 29 cm, Breite: 20 cm
Pollen jeweils Höhe: 19 cm
Gefäße aus geschliffenem Glas

Kelch

Mitte des 18. Jahrhunderts
Höhe: 24 cm
Silber vergoldet

Kelch mit dreistufigem Fuß und birnförmigem Nodus. Alle Flächen sind von Rokoko-Ornamentik überzogen. Auf dem Fuß befindet sich die getriebene Darstellung einer Pieta und des hl. Franziskus vor dem Kreuz.

Kusstafel

zusammengesetzt aus Teilen unterschiedlichen Alters vom 14. bis zum 17. Jahrhundert
Höhe: 21,5 cm, Breite: 15,5 cm
Silber, Email und Perlmutt

Zentrum des Bildwerks ist ein kielbogig überfangenes Täfelchen, das auf der mit graviertem Maßwerk geschmückten Rückseite mit einem Griff versehen ist. Auf der Vorderseite ist eine von Baldachinen überfangene Verkündigungsgruppe der zweiten Hälfte des 14. Jahrhunderts eingestellt, darüber ein Perlmuttrelief mit Darstellung Johannes des Täufers und Johannes des Evangelisten aus dem 16. Jahrhundert. Der äußere Rahmen mit großen Blumen und bekrönendem Engelsköpfchen gehört dem 17. Jahrhundert an.

Bruderschaftsschild

1617

Durchmesser 15 cm

Silber, teilweise vergoldet

Das runde, von einem Kranz umrahmte Bruderschaftsschild zeigt auf der Vorderseite in hochovalen Rahmungen links eine Darstellung der Muttergottes mit Kind auf der Mondsichel, umgeben von einem Strahlenkranz, und rechts Johannes den Täufer mit Lamm. Zwischen den beiden Kartuschen wächst der Baum der Erkenntnis empor, um den sich die Schlange windet. Oben geht er in das Kreuz Christi über, das von Maria und Johannes begleitet wird. In den kleinen Wappenschilden auf der Rückseite des Schildes sind vermutlich die Stifter und die Bruderschaftsmeister von 1614 bis 1771 genannt.

Taufschale und Taufkännchen

1915
Schale: Länge: 34,5 cm; Breite: 26 cm
Kännchen Höhe: 23 cm
Silber

Schale und Kännchen sind 1915 in der sehr produktiven Werkstatt des Gabriel Hermeling in Köln hergestellt worden. Anlass war - wie schon bei der Renovierung des barocken Ziboriums (S. 195) – das goldene Priesterjubiläum des Pfarrers von St. Johann Baptist Michael Hubert Juris. Finanziert wurden Schale und Kännchen von der Bruderschaft vom Allerheiligsten Herren Jesu.

Kelch

20. Jahrhundert
Höhe: 20 cm
Silber vergoldet

Der Kelch repräsentiert einen Typus, der den Ideen des Deutschen Werkbundes verpflichtet ist. Auf figürliches oder vegetabiles Detail wird verzichtet. Nur die Hämmerung der Oberfläche verleiht dem Kelch eine lebhafte Struktur.

Messtablett und Pollen

Anfang 19. Jahrhundert
Silber vergoldet
Tablett Länge: 35 cm, Breite: 26, 5 cm;
Pollen je Höhe: 15 cm

Die klassizistische Pollengarnitur ist mit Girlanden geschmückt.

Messtablett und Pollen

Ende des 19. Jahrhunderts; Silber, Polle für den Wein innen vergoldet; Tablett Länge: 28 cm, Breite: 18 cm; Pollen jeweils Höhe: 15 cm

Die auf dem Tablett stehenden Gefäße für Wasser und Wein bei der Eucharistie sind in der Werkstatt des Gabriel Hermeling entstanden.

Gefäss für Hll. Öle

17. Jahrhundert
Silber
Höhe: 24,5 cm

Zwei zylindrische Gefäße mit durchbrochen gearbeiteter Silberauflage stehen auf einem reich geschmückten Fuß. Auf beiden Deckeln befinden sich Ornamente mit C-Schwüngen, die in einem bekrönenden Kreuz münden. Am Fuß ist ein Medaillon mit Darstellung des hl. Johannes Ev. appliziert.

Erklärung der Fachausdrücke

Kelch
Ein Kelch ist ein henkelloses, innen immer vergoldetes Gefäß. Bei der hl. Messe wird in einem Kelch der Wein konsekriert.

Kusstafel
Die kleinen Tafeln, häufig mit Darstellungen aus der Heilsgeschichte, haben meist einen Griff auf der Rückseite. Es war üblich, dass der Priester den Gläubigen vor der hl. Kommunion diese Tafeln zum Friedenskuss reichte.

Monstranz
(lat. „monstrare" = zeigen) Eine Monstranz ist ein kostbares Gefäß, in dem eine konsekrierte Hostie zur Verehrung gezeigt werden kann.

Ostensorium
(lat. „ostendere" = entgegenhalten, zeigen) Schaugefäß, in diesem Fall für eine Reliquie.

Pollengarnitur
Bei der Eucharistie verwendete kleine Gefäße zur Aufnahme von Wasser und Wein.

Ziborium
(lat. „ciborium" = Trinkbecher) Ziborien dienen zur Aufbewahrung geweihter Hostien im Tabernakel, die als Vorrat für die Kommunionausteilung benötigt werden bzw. nach einer Kommunionausteilung übrig bleiben.

Literatur

Die Kunstdenkmäler der Rheinprovinz, Bd. VII,1: Die Kunstdenkmäler der Stadt Köln, Bd. II,1, bearbeitet von Hugo Rahtgens, Düsseldorf 1911, S. 102–124. – Heinz Firmenich: *St. Johann Baptist und die Elendskirche, Köln*, Neuss 1965. – *Lexikon der christlichen Ikonographie*, Bd. 1-8, Rom, Freiburg i.Br., Basel, Wien 1968–1976. Ulrike Bergmann: *St. Johann Baptist, in: Colonia Romanica* 10 (1995) S. 185–195. – Isabelle Kirgus: *Renaissance in Köln. Architektur und Ausstattung 1520-1620*, Bonn 2000. – Jochen Roessle: *St. Johann Baptist, in: Colonia Romanica* 18/19 (2003/2004) S. 172–192.

Die Angaben zu den liturgischen Geräten sind einer Inventarisierung von Sabine Czymmek entnommmen.

Bildnachweis

Historisches Archiv des Erzbistums Köln, Bildsammlung: *S. 171, 172*; Entwurf Ingrid Bussenius/Norbert Thomassen: *S. 158*; Collectionieren, Restaurieren, Gotisieren. Der Bildschnitzer Richard Moest 1841–1906, Ausstellungskatalog, Aachen 2006, S. 209–213: *S. 186–189*; T. Kimmel, Antependium mit der Anbetung der Heiligen Drei Könige aus der Pfarrkirche St. Johann Baptist in Köln, Semesterarbeit, Köln 2003, S. 50: *S. 190*; Foto Dorothea Heiermann: *S. 156/157, 165–170, 173, 175, 176, 179–185, 193–203*; Foto Joachim Oepen: *S. 177*; Composing Norbert Thomassen: *S. 175, 185*; Foto Regina Urbanek: *S. 160/161, 162, 163 links und rechts.*

Dank

Abschließend gilt es Dank zu sagen für die vielfache Unterstützung, ohne die diese Publikation nicht hätte entstehen können: An erster Stelle stehen die beiden Mitautorinnen Birgit Gerdes und Margrit Jüsten-Hedtrich, die ihre Beiträge nicht nur unentgeltlich, sondern neben mancherlei beruflichen und privaten Belastungen mit viel Engagement erstellt haben. Die Finanzierung des angesichts reichhaltigen Bildmaterials aufwändigen Buches stellten der Förderverein Romanische Kirchen Köln e. V. unter dem Vorsitz von Herrn Senator Helmut Haumann sowie die Kirchengemeinde St. Severin sicher; einen namhaften Zuschuss gewährte ferner das Erzbistum Köln. Die Umsetzung dieser Publikation übernahmen Regine Binot (Kartographie), Stefan Wunsch (Lektorat), Josef Zucca (Lithographie) und Norbert Thomassen (Grafik) sowie die Firma Rasch Druckerei und Verlag in Bramsche. Ihnen ist nicht nur für die gelungene Arbeit, sondern auch für die Geduld zu danken, die sie im Umgang mit Herausgebern und Autoren bewiesen. Bei diesem gesamten Prozess standen Dr. Damian van Melis und Dr. Martin Seidler immer mit hilfreichem Rat zur Seite. Ein gerüttelt Maß an Geduld und langem Atem musste auch Dorothee Heiermann beim Erstellen der Fotos von Kirchenausstattung und des neu gestalteten Kirchenraumes aufbringen, ebenso aber auch Ingrid Bussenius, Marianne Klöppel, Jens Kratzheller und Georg Maul. Rita Wagner vom Kölnischen Stadtmuseum und Marina Fröhling vom Rheinischen Bildarchiv waren wie immer äußerst kooperativ, wenn es um die Beschaffung von Bildvorlagen ging. Doris Lindemann und die Stadtwerke Köln überließen Bildmaterial des »Schiefen Turms« und erlaubten dessen Nutzung. Birgit Kastner stellte ihre Magisterarbeit zur Baugeschichte von St. Johann Baptist mitsamt Abbildungen zur Verfügung. Auch ihnen allen sei herzlich gedankt.

Die Herausgeber

Impressum:

www.www.crux-koeln.de

Herausgeber:
Dominik Meiering und Joachim Oepen, Köln

Lektorat:
Stefan Wunsch, Köln

Gestaltung inkl. Umschlag:
Thomassen Design, Düsseldorf-Kaiserswerth

Lithographie:
Farbo Prepress GmbH, Köln

Druck und Bindung:
Rasch, Bramsche

ISBN 978-3-00-028096-2